MERIAN*momente*

FLORIDA

RALF JOHNEN

W0180196

FLORIDA ENTDECKEN 4

FLORIDA ERLEBEN 20

FLORIDA ERKUNDEN 54

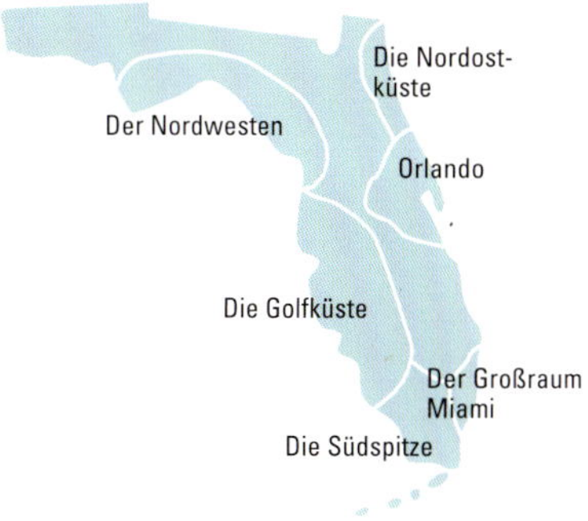

Die Nordost-
küste
Der Nordwesten
Orlando
Die Golfküste
Der Großraum
Miami
Die Südspitze

TOUREN IN FLORIDA 156

FLORIDA ERFASSEN 166

KARTEN UND PLÄNE

FLORIDA
ENTDECKEN

Weißer Sandstrand, türkisblaues Wasser –
der Traum heißt South Beach Miami (▶ S. 68).

MEIN FLORIDA

Sonne, Strand und Meer galten bislang als die wichtigsten Argumente für eine Reise nach Florida. Allein damit aber gibt sich der Sunshine State nicht mehr zufrieden. Er hat den Ehrgeiz entwickelt, mehr zu sein und immer noch besser zu werden.

Florida, das ist doch dieses kulturlose Rentnerparadies, wo man auf dem Weg zu einem überteuerten Vergnügungspark ständig im Stau steht. An dieses Vorurteil muss ich zurückdenken, als ich bei den Recherchen für dieses Buch in einem kleinen, aber durchaus auffälligen Auto durch Palm Beach fahre. Ich habe mir einen »Gimlet« im Hotel The Breakers gegönnt, einem dieser neomediterranen Paläste aus der euphorischen Gründerzeit Floridas, wo jederzeit die Charaktere aus der preisgekrönten Fernsehserie »Mad Men« an der Bar sitzen könnten.

Auf dem Rückweg ins Hotel ist es bereits dunkel, aber noch früh am Abend. Und dann stecke ich tatsächlich im Stau. Als ich die Ursache erkenne, werde ich nervös. Weiter vorn steht ein Streifenwagen, dessen Per-

◀ Beim Blick in den Himmel ist klar: Hier geht es
ins Einkaufsparadies von South Beach (▶ S. 71).

sonal hektisch mit den Armen rudert. Das ist kein gutes Zeichen in den USA. Alle Wagen werden von der Straße direkt in eine großzügige Einfahrt gelotst. »Jetzt haben sie dich«, denke ich nur. Doch nach einer Rechtskurve weicht die offenbar von Jetlag beflügelte Paranoia der Realität: Ich werde mir langsam der Tatsache bewusst, dass ich mich auf einem dieser Milliardärsanwesen befinde, die ich zuvor bereits im gleißenden Sonnenlicht aus dem Auto heraus beäugt hatte. Das hier muss eine der berüchtigten Wohltätigkeitsveranstaltungen sein, die man als Tycoon an Freitagabenden halt so organisiert. Für mich gibt es kein Zurück. Ein livrierter Dienstbote reißt mit sichtbarer Geringschätzung die Tür meines Kleinwagens auf, um mir eine Marke in die Hand zu drücken, mit der ich das Gefährt am Ende des Abends wieder auslösen kann. Mit einer Kladde in der Hand fragt er mich nach einer Banalität: »Your name, Sir?«

Ich stammle, dass es sich hier offensichtlich um ein Missverständnis handele und ich nur ein harmloser Tourist aus Europa sei. Warum ich dann nicht einfach weitergefahren sei, möchte der Typ wissen. Eine berechtigte Frage. »Wahrscheinlich«, sage ich kleinlaut, »bin ich einfach überfordert mit den Gepflogenheiten Ihrer schönen Stadt.« Sein Wissensdurst ist abrupt gestillt. Mit ein paar abfälligen Handbewegungen dirigiert er mich zum Hinterausgang. Soll ich doch sehen, wo ich bleibe. Später in dieser tropischen Nacht denke ich innerlich lachend an die Situation zurück: Das kann Dir auch nur in Florida passieren.

MANATEES UND DIE VERGESSENE KÜSTE

So ein Vorfall hinterlässt allerdings Spuren. Daher will ich ein paar Tage später meinen Augen zunächst nicht trauen. Doch in der Januarnacht vor meinen Besuch im Wakulla Springs State Park, mit einer der weltweit größten und tiefsten Süßwasser-Quellen, hat es wirklich gefroren. Bibbernd kratze ich die Scheiben frei. Gegen 9 Uhr stehe ich im Besucherzentrum und blicke auf ein Filmplakat. Ich sehe ein Monster, das mir in meiner Kindheit üble Träume beschert hat: »Der Schrecken des Amazonas«. Der Horrorfilm-Klassiker wurde nicht in Brasilien gedreht, sondern hier, im Norden Floridas. Mein mulmiges Gefühl weicht erst, als ich wenig später zum ersten Mal in meinem Leben Manatees sehe, die immer so gutmütig dreinblickenden Rundschwanzseekühe, deren Anblick alleine einen Trip in das »Land des Sonnenscheins« wert ist.

So wie im Übrigen auch die Küstenlandschaft, die nur ein paar Kilometer weiter ihren Lauf nimmt. »Forgotten Coast« nennen die Einheimischen diesen Teil am Golf von Mexiko. Hier unterhalten sich die Menschen in einer fremdartigen Sprache, die nur rudimentär an Englisch erinnert. Die Ketten und Konzerne, die Amerika sonst beherrschen, sucht man vergebens. Zum Mittag kommen Austern und kühles Bier auf den Tisch. Und die Strände auf den Barriere-Inseln sind von unverschämter Schönheit. Kenner sagen: Je weiter man in Floridas Norden vordringt, umso besser lernt man den wahren Süden der USA kennen. Und der ist träge, altmodisch – und entsetzlich charmant.

MEILENSTEINE AUF DEM WEG ZUR METROPOLE

Miami indes kann mit Betulichkeit nicht viel anfangen. Die Stadt ist heute rastloser denn je. Rund um die City ragen immer neue Wolkenkratzer in den Himmel. Von Frank O. Gehry über César Pelli bis zu Herzog & de Meuron dürfen hier die renommiertesten (und teuersten) Architekten der Welt ihre Visionen verwirklichen. Und South Beach, das gerade das erste, an Turbulenzen reiche Jahrhundert seiner Existenz vollendet hat, strahlt schöner und heller als je zuvor.

Die Stadt, so viel ist offensichtlich, ist immer noch jung. Dennoch beansprucht Miami im 21. Jh. eine Führungsrolle. Offiziell beschränkt sich die Zahl der Einwohner auf nur 420 000. Der Großraum aber zählt rund 6 Mio. Menschen. Genug für den Status einer veritablen Metropole – und vielleicht auch zur Rechtfertigung des inoffiziellen Titels: »Hauptstadt beider Amerikas«, wo Nord- und Lateinamerikaner zusammenfinden. Für eine leuchtende Zukunft.

KARIBISCHE KÜCHE UND KUBANISCHE KULTUR

Diese Ambitionen Miamis waren mir auch vor meinem jüngsten Besuch nicht fremd. Wohl aber habe ich nicht schlecht gestaunt, als mir beim Frühstück ein ortsansässiger Argentinier vom jüngsten Hype berichtet hat: Wynwood. Hier haben sich bis vor wenigen Jahren kaum Einheimische und schon gar keine Touristen hingetraut. Nun aber habe er South Beach verlassen, um fortan dort zu leben. Weil sich in den Lagerhallen mehr als 60 Galerien niedergelassen haben und weil Street Art und Subkultur ein weniger oberflächliches Lebensgefühl zulassen. In Wynwood fühlt sich Miami ein wenig wie Berlin.

Aber das ist nur eine von vielen Entwicklungen: So ist in Downtown mit dem Pérez Art Museum Miami (PAMM) ein Ausstellungshaus entstanden, in dem kühne Gegenwartskunst gezeigt wird. Und nur ein paar Blocks weiter entzückt Little Havana mit ungekünstelter Lebensfreude. Florida aber müht sich nicht nur erfolgreich, das Leben mit mehr Kultur zu füllen, auch in kulinarischer Hinsicht zahlt sich der neue Ehrgeiz bereits aus. Die bisweilen ideenlose amerikanische Küche geht nunmehr bei hoher Produktqualität immer häufiger eine Allianz mit den frischen und würzigen Gerichten aus Lateinamerika und der Karibik ein. Sogar beim Bier können kritische Feinschmecker aus Zentraleuropa inzwischen nur anerkennend Beifall spenden: Gegen die Handwerkskunst und Experimentierfreude der sogenannten »Mikrobrauerei« wirkt das heimische Pils schnell ideenlos. Meine Favoriten sind die recht herben und heftig gehopften »IPAs« (India Pale Ales).

UNVERGESSLICH: DER KLASSISCHE ROADTRIP

All diese Entwicklungen machen einen Urlaub in Florida zu einer Entdeckungsreise. Gleichzeitig ändern sie nichts daran, dass meine persönlichen Lieblingsflecken Orte der Stagnation sind: Die 171 State Parks, die sich in allen Teilen des Sunshine State befinden, sind einfach großartig. Hier ist Florida noch so, wie es vor 150 Jahren war. Unberührt, fragil, ein klein wenig unkalkulierbar und von erhabener Schönheit.

Zweifellos ist es machbar, Florida von einer festen Ausgangsbasis aus zu erleben. Wer aber den Sonnenschein-Staat verstehen und in seiner ganzen Pracht erleben möchte, sollte lieber eine klassisch amerikanische Reiseform in Erwägung ziehen: den Roadtrip. Hin zu den breiten Stränden im Nordosten und zu den verschlafenen Dörfern im nordwestlichen »Panhandle«, hinein in das Paralleluniversum der Vergnügungsparks Orlandos, über den Overseas Highway bis nach Key West, auf zu den wunderbaren Inseln an der Golfküste und schließlich hinein ins pulsierende Miami. Wer all dies auf sich einwirken lässt, wird nie wieder behaupten, Florida sei ein kulturloses Rentnerparadies.

DER AUTOR

Ralf Johnen ist nach 35 Besuchen mehr denn je von Nordamerika gefesselt. An Nordflorida liebt er das Südstaatenflair. Er staunt immer wieder über den Ehrgeiz und Erfindungsreichtum von Miami. Nur die Themenparks von Orlando wird er wohl nie verstehen. Ralf Johnen lebt als Buchautor, freier Journalist und Fotograf in Köln, außerdem betreibt er den Reiseblog www.boardingcompleted.me.

MERIAN TopTen

Diese Höhepunkte sollten Sie sich bei Ihrem Besuch auf keinen Fall entgehen lassen. Ob Sanibel Island, Palm Beach, St. Augustine oder die Everglades – MERIAN präsentiert Ihnen hier die wichtigsten Sehenswürdigkeiten in Florida.

1 Little Havana
Das kubanische Einwandererviertel ist keine Schönheit, aber die Herzlichkeit und Lebensfreude der Menschen ist wirklich bemerkenswert (▶ S. 58, 64).

2 Art-déco-Bauten in South Beach
Die mehr als 1000 Art-déco-Bauten in South Beach sind Floridas kulturelles Erbe. Ebenso bunt und schillernd ist das Publikum (▶ S. 68, 78).

3 Palm Beach
Die Stadt der Tycoons und Milliardäre strahlt eine besondere Aura aus. Nirgendwo leuchtet das Wasser des Atlantiks in satterem Blau (▶ S. 75, 162).

4 Everglades
Die Sumpflandschaften und Mangrovenwälder des Nationalparks bilden ein einzigartiges Biotop für seltene Pflanzen- und Tierarten (▶ S. 84, 164).

5 Key West
Key West scheint noch immer weit weg vom Rest der USA. Hemingways Teilzeitheimat aber muss aufpassen, dass sie nicht überrannt wird (▶ S. 90).

6 The Ringling in Sarasota
Das Zirkus-Imperium hat einst einen ganzen Kontinent begeistert. Seine riesige Kunstsammlung in 31 Galerien, steckt voller Schätze (▶ S. 129).

7 Sanibel Island

Die vielleicht schönste bewohnte Insel der Golfküste: wunderbare Strände, eine ausgeprägte Radfahrkultur, kaum Einzelhandelsketten und ein entspanntes Lebensgefühl (▶ S. 133).

8 St. Augustine

Im Land der Superlative macht das Prädikat »älteste Stadt des Landes« einiges her. Nachdem die anglozentrische Sichtweise nicht mehr gilt, trägt die 1565 von den Spaniern gegründete Stadt den Titel mit Stolz (▶ S. 138).

9 Floridas »Vergessene Küste«

An diesem Küstenabschnitt im äußersten Nordwesten leben die Südstaaten: Herrliche Inselwelten, feine Sandstände, charmante Dörfer und sehr gute Meeresfrüchte – serviert mit einer gewissen Trägheit (▶ S. 151).

10 Cedar Key

Das Eiland im nordwestlichen »Panhandle« kommt ohne Trubel und ohne Massentourismus aus (▶ S. 153).

MERIAN Momente
Das kleine Glück auf Reisen

Oft sind es die kleinen Momente einer Reise, die am stärksten in Erinnerung bleiben – Momente, in denen Sie die leisen, feinen Seiten einer Region kennenlernen. Hier präsentieren wir Ihnen Tipps für kleine Auszeiten und neue Einblicke.

1 Galerienbummel in Wynwood
▶ Klappe vorne, b 2

Jeder kennt Miami als glitzernde Metropole. Damit allein aber mag sich die Stadt nicht mehr zufriedengeben. Seit die Art Basel 2002 hier einen Ableger eingerichtet hat, strebt Miami mit Kultur und Underground der Zukunft entgegen. Das schlägt sich auch im Stadtbild nieder, denn der nördlich von Downtown gelegene Stadtteil Wynwood galt noch vor einem Jahrzehnt als »No-go-Area« (Tabuzone) für Touristen. Heute sind in den Lagerhallen der Street-Art-Hochburg mehr als 70 Galerien beheimatet. Kreative Köpfe haben Wynwood als Wohnviertel entdeckt und auch die Gastronomie lässt sich den Boom nicht entgehen.

Miami | Northwest 3nd Ave., zwischen 22nd und 28th Street | www.wynwoodmiami.com

2 Cocktail im The Breakers
▶ K 7

Für die Luxushotels aus der Gründerzeit gelten auch heute nur besonders schmeichelhafte Attribute: Mondän.

Aufregend. Glamourös. Nirgendwo jedoch scheint das Gefühl greifbarer, dass gleich ein ehemaliger US-Präsident oder ein Weggefährte Frank Sinatras vorbeischaut, als in der Bar »HMF« im Hotel The Breakers, im Zentrum von Palm Beach, direkt am Strand. Hinter den Buchstaben »HMF« verbergen sich die Initialen von Henry Morrison Flagler (1830–1913), dem einstigen Erdölmagnat und Eisenbahnbaron. Die Cocktails sind formidabel und einigermaßen erschwinglich. Das Ambiente und die Einblicke in die High Society hingegen sind unbezahlbar.

Palm Beach | 1 South County Road | Tel. 88 82 73 25 37 | www.thebreakers. com | tgl. 17–1 Uhr

3 »Earlybird« im Bahia Honda State Park 🧍 J 10

Um 8 Uhr öffnen in Florida die State Parks. Für erhabene Augenblicke lohnt es sich gerade auf den überlaufenen Florida Keys, der berühmten Inselkette im äußeren Süden, zu den ersten Besuchern vor Ort zu gehören. Ein Spaziergang auf dem fast 4 km langen Sandstrand lässt schnell karibische Träume wach werden. Die wahre Attraktion aber sind die Relikte der Brücke der East Coast Railway, die Henry Flagler von 1905–1912 auf abenteuerlicher Streckenführung bis nach Key West durchgezogen hat. Nachdem ein schwerer Hurrikan dem Bahnprojekt 1935 ein für alle Male den Garaus bereitet hat, wurde das kühne Konstrukt später mit der Autostraße überbaut. Wer aber auf den Resten der stillgelegten Brücke bis zu einer klaffenden Lücke weiterschreitet, wird automatisch von nostalgischen Gefühlen befallen. Es ist eine Reise in eine vergangene Zeit. Eine Zeit, in denen die bezaubernden Florida Keys noch nicht dem Massentourismus ausgeliefert waren.

Bahia Honda State Park | www.florida stateparks.org | tgl. 8 Uhr bis Sonnenuntergang | 8 $ pro Fahrzeug

4 Bootstour in Orlando J 4

Am Westufer von Lake Osceola in der vornehmen Vorstadt Winter Park gibt es einen eher unscheinbaren Bootsanleger. Von dort startet ein kleines Pontonboot zu einer Tour über die vielen Seen und Kanäle, die Orlando zu einem attraktiven Wohnort machen. Die Ufer werden von stattlichen Villen gesäumt – mal protzig, dann wieder sehr geschmackvoll. Mit Spanischem Moos

behangene Eichen wachen allerorten über das Geschehen. Noch schöner und bei Nebel fast schon gespenstisch: Die aus dem Wasser ragenden Sumpfzypressen, auf deren Zweigen Scharen von Kormoranen ruhen. Die Tour ist ein herrlich altmodisches Erlebnis und eine wunderbare Abwechslung zu den Kunstwelten Orlandos.

Orlando (Winter Park) | Scenic Boat Tour | www.scenicboattours.com | Touren tgl. 10–16 Uhr zur vollen Stunde | 12 $

5 Ybor City Bar Hopping
▶ S. 121, c 2

Ausgehen in einem geschichtsträchtigem Ambiente – das ist in Florida eher die Ausnahme. In Ybor City, dem kubanischen Stadtteil und einstigem Einwandererviertel in der Millionenmetropole Tampa aber stammen viele Backsteinbauten noch aus dem 19. Jh. Altehrwürdige Laternen und schummriges Neonlicht verleihen dem Viertel mehr Patina. Gute Voraussetzungen für lange und durchaus auch abwechslungsreiche Nächte sind das »Ritz« (1503 East 7th Ave.), das eine Metamorphose vom historischen Theater zum (Live-)Club hinter sich hat oder das »Liquid« (1502 East 7th Ave.) in

dem die Dragqueens paradieren. Bei der Tampa Bay Brewing Company (1600 East 8th Street) werden leichte Gespräche mit schweren Bieren garniert. Bei aller Freude aber sollte man genügend Energiereserven haben, um die Karaoke-Bars zu umschiffen.

6 Joggen am Strand von Clearwater Beach
▶ S. 121, a 2

Eine Diskussion über den schönsten Strand Floridas ist ähnlich konstruktiv wie die Wahl der leckersten Auster. Allerdings ist es Fakt, dass die Sandauflage des Küstenstreifens an der Golfküste kaum irgendwo so breit ist wie in Clearwater Beach. Perfekte Voraussetzungen zum Joggen, zumal die Unterlage gemeinhin sehr fest ist. Dies alles jedoch gilt nur für die ersten 2 km vom Pier in Richtung Norden. Dahinter wird die Barriere-Insel plötzlich recht schmal – und auch der Strand ist bei Flut nicht mehr viel breiter als einen Meter. Nachdem anfänglich Hotels und Luxusresidenzen den Weg gesäumt haben, bestimmen nun Dünen das Bild. Wer es melodramatisch mag, wählt den Sonnenuntergang als einmalige Kulisse für die Sporteinheit.

Clearwater Beach, zwischen Pier und Caladesi Island State Park

7 Besuch bei Leoma Lovegrove
H 7

Die Künstlerin lebt auf Matlacha Island, sie mag knallige Farben, sie liebt die Beatles und sie hat neben Mangobäumen auch ein Fischadlernest im Garten. Bekannt wurde Leoma Lovegrove damit, dass sie die größte Kokosnuss-Postkartenfabrik der Welt betreibt. Sogar in Disney World sind die bemalten und versandfertig gemachten Früchte zu haben. Vor allem aber ist die Künstlerin eine reizende Person, die ihr Atelier und ihren Garten für das Publikum geöffnet hat. Kinder kommen in den Genuss kostenloser Eiscreme, Erwachsene werden mit Anekdoten versorgt. Die Insel selbst war bis vor 20 Jahren Fischern vorbehalten. Als der Bundesstaat jedoch den Fang von Meeräschen verbot, war ihre Existenz mit einem Mal bedroht. Dank Lovegrove ist das Eiland nun ein aufstrebendes Zentrum für kleine Galerien.

Matlacha Island | 4637 Pine Island Road | Tel. 23 92 83 64 53 | www. leomalovegrove.com | saisonal wechselnde Öffnungszeiten

8 Wakulla Springs State Park 👬 E2

Je mehr gebaut wird, umso größer wird die Sehnsucht nach dem »alten Florida«. Und hier, zwischen Tallahassee und der Golfküste, lebt es auf fast magische Weise: Von Spanischem Moos überwucherte Sumpfzypressen säumen die Ufer des Wakulla River. Einen verwunschen anmutenden Lebensraum mit heftigem Südstaatenflair, den sich Schwarzgeier, Kanadareiher und Ibisse mit Alligatoren und Schildkröten teilen. Oft lassen sich hier auch Rundschwanzseekühe blicken. Die Manatees mögen es mollig warm – eine Bedingung, die die Quellen mit einer gleichbleibenden Temperatur von 21 °C erfüllen. Wer an einem sonnigen Morgen in der Nebensaison erscheint, hat diesen urtypischen Flecken Erde fast für sich allein. In Kombination mit der opulenten Südstaatenfauna ist das gesamte Areal nicht nur ein dankbarer Lebensraum für Tiere, sondern auch eine fabelhafte Kulisse für Filme: Johnny Weissmuller durfte sich vor Ort als Tarzan versuchen. Außerdem wurden Teile des Trash-Klassikers »Creature from the Black Lagoon« (Der Schrecken des Amazonas) hier gedreht.

Wakulla Springs State Park | 465 Wakulla Park Dr. | www.floridastateparks.org | tgl. 8 Uhr bis Sonnenuntergang | 6 $ pro Fahrzeug

NEU ENTDECKT
Worüber man spricht

*Jede Region verändert sich – auch wenn vieles beim Alten bleibt.
Durch neu eröffnete Museen, Hotels oder Restaurants gewinnen
Orte und manchmal ganze Landstriche weiter an Attraktivität.
Ebenso lässt sich die Region mit neuen Freizeitangeboten vielfältiger
erleben und vielleicht sogar mit anderen Augen sehen. Hier erfahren
Sie alles über die jüngsten Entwicklungen.*

◀ Im Miami Design District (▶ S. 18) wurde auch Le Corbusier ein Denkmal gesetzt.

MUSEEN UND GALERIEN

Pérez Art Museum ▶ Klappe vorne, c 2

Bei allen Superlativen, die Miami bereits für sich beanspruchen konnte: Ein Museum von internationalem Format fehlte bislang. Diese Lücke wurde nun mit dem Pérez Art Museum Miami (PAMM) gleich in doppelter Hinsicht geschlossen: Die Wechselausstellungen zeigen unter Einbeziehung der hauseigenen Sammlung kühne Gegenwartskunst auf höchstem Niveau, zudem wurde der Bau von den Schweizer Architekten Herzog & de Meuron entworfen. Zur Ornamentik der Fassade gehören auch mit tropischen Pflanzen bewachsene Betonsäulen. Das PAMM ist der erste vollendete Bau im neuen Museums-Park am Strand in Downtown. Das neue Museum of Science soll 2016 eröffnet werden.

Miami | 1103 Biscayne Blvd. | www.pamm.org | Di–So 10–18, Do 10–21 Uhr | Eintritt 16 $, erm. 12 $

ESSEN UND TRINKEN

RESTAURANTS

Ice Plant ▶ S. 139, a 3

Industriecharm – vor der Entwicklung von Kühlaggregaten wurde in der Lagerhalle aus dem Jahr 1927 Blockeis hergestellt. Nun mischt hier eine Gruppe ambitionierter Geschäftsleute aus der Region die gastronomische Landschaft auf: Im Erdgeschoss werden Gin und Wodka (und bald auch Whisky und Rum) gebrannt. Rund um die Bar im Obergeschoss zelebriert man bei diskreter Beleuchtung die klassische amerikanische Cocktailkultur. Und gleich ne-

benan, im Restaurant, kommen kreative Speisen mit regionalem Einschlag auf den Tisch wie z. B. Jakobsmuscheln mit Moschuskürbispüree und fünf Jahre altem Parmesankäse.

St. Augustine | 110 Riberia Street | Tel. 90 48 29 65 53 | www.iceplantbar.com | Di–Sa 11.30–2, So–Mo 11.30–24 Uhr | €€€

ū lë lē ▶ S. 121, c 2

Craftbrauerei – Nachdem es 2014 eröffnet hat, ist dieses Restaurant binnen kürzestem zu einer Top-Adresse aufgestiegen. Das Haus ist in einem ehemaligen Wasserwerk am Nordende der Uferpromenade untergebracht, der Name einer Prinzessin der »native americans« entliehen, die hier einst gelebt haben. Die Küche flirtet derweil eher mit Mittel- und Südamerika. Die eigentliche Attraktion allerdings sind die hauseigenen Biere, die Braumeister Timothy Shackton in einem angrenzenden Bau herstellt. Der Mann ist ein großer Freund der deutschen Gerstensaftkultur. Entsprechend herb und vergleichsweise alkoholarm fallen seine Produkte aus. Aus Deutschland importierte Biergartengarnituren ermöglichen den Konsum im Freien.

Tampa | 1810 North Highland Ave. | Tel. 81 39 99 49 52 | www.ulele.com | So–Do 11–22, Fr, Sa, 11–23 Uhr | €€

BARS

Wood Tavern ▶ Klappe vorne, b 2

Angesagt, preiswert und entspannt: Hier kommen junge Menschen aus Miami hin, die das prätentiöse Ausgehleben in South Beach mit Geringschätzung abtun. Das Ambiente ist kunstvoll abgerockt und fügt sich ohne Brüche in den Stil von Wynwood ein, wo Street

Art und Galerien zuhause sind. Damit die Ungezwungenheit auch in Zukunft erhalten bleibt, verweigert das Team die Annahme von Reservierungen. Bedient wird, wer zuerst da ist. In einer tropischen Nacht gibt es kaum eine bessere Adresse, um mit den »Locals« abzuhängen.

Miami/Wynwood | 2531 Northwest 2nd Ave. | Tel. 30 57 48 28 28 | www.wood tavernmiami.com | Di–Sa 17–3, So 15–21 Uhr

EINKAUFEN

Design District Miami ▸ Klappe vorne, b 1

Wenn es einen Inbegriff für das Wort »dynamisch« gibt, dann ist es Miami. Was seit 2014 im Design District passiert ist, darf auch erfahrene Weltenbummler erstaunen: In einem bis vor Kurzem ziemlich heruntergekommenen Viertel nördlich von Downtown haben sich zunächst Künstler, Designer und ein paar Akademien niedergelassen. Ihnen sind binnen kürzester Zeit die Luxus-Boutiquen mit den schillerndsten Namen gefolgt. Zwischen einigen Galerien haben nun Bulgari, Rolex, Dior und Konsorten ihre Flagship-Stores errichtet – frei nach dem Motto: »The show must go on«. Zwischen den Straßen ist auf diese Weise eine dekadent anmutende Shoppingmall entstanden, für die einige Designer gar ihre angestammten Standorte aufgegeben haben, da sie laut Vertrag nur ein Geschäft im Großraum Miami unterhalten dürfen. Bei allem Glitzern der Shops präsentieren sich die flankierenden Straßenzüge aber nach wie vor dekorativ heruntergekommen. Eine ideale Kulisse für trendbewusste Models, die nicht selten ein Kamerateam in ihrer Entourage wissen. Ein Musterbeispiel für den Turbokapitalismus, der in diesem Fall ein wenig anstößig wirkt, denn nur ein paar Blocks weiter beginnt mit Little Haiti eines der ärmsten Viertel Miamis.

Miami | Design District, zwischen North Miami und Northeast 2nd Ave. und Northeast 38nd und 41st Street

**Locale Market –
Alles aus der Region** ▸ S. 121, b 3

Viele Amerikaner teilen das unbedingte Bedürfnis, dass ihr Land »europäischer« werden möge. Dabei entwickeln sie einen Ehrgeiz, der überraschende Ergebnisse zur Folge hat. Den Betreibern des Locale Market etwa ist es gelungen, eine leicht abgewandelte Version klassischer Markthallen wie z. B. der Boqueria in Barcelona ins Leben zu rufen. Hier werden in angemessen rummeliger Atmosphäre Fisch, Fleisch, Gemüse und Bier aus der Region angeboten. Zum Mitnehmen, aber auch zum sofortigen Verzehr vor Ort. Der Markt ist ein gelungenes Experiment mitten im prosperierenden St. Petersburg und zugleich eine schmackhafte Bestätigung für die Richtigkeit des boomende Konzepts »farm-to-table«.

St. Petersburg | 179 2nd Ave North |
www.localegourmetmarket.com |
Mo–Fr 10–21, Sa 9–22, So 9–20 Uhr

AKTIVITÄTEN

Orlando Eye ▶ S. 101, b 2

Die selbsterklärte Welthauptstadt des
Vergnügens wartet nur darauf, erfolgreiche Konzepte zu kopieren. So war es
lediglich eine Frage der Zeit, ehe auch
dem London Eye diese Ehre zuteil wurde. Mit einer Höhe von 120 m kommt
das Orlando Eye zwar nicht ganz an
das Vorbild in Großbritannien heran,
dennoch ist an klaren Tagen während
der 30 Min. dauernden Fahrt sogar das
Kennedy Space Center an der Atlantikküste sichtbar. Wer mag, kann unterwegs ein Glas Champagner genießen.
Vorbildlich sind die Konditionen für
Rollstuhlfahrer, denn jeweils eine Be-
gleitperson fährt kostenlos mit.
Orlando | 8401 International Dr. | www.
officialorlandoeye.com | Mo–Do 10–22,
Fr–So 10–24 Uhr | ♿ | Eintritt ab 18 $

Universal Studios Orlando –
Besuch bei den Simpsons ▶ S. 101, b 2

Die Lebenswelt des Harry Potter hat
dem Themenpark einen beispiellosen
Ansturm beschert. Seit Neuestem hat
der smarte Zauberlehrling Gesellschaft
von einem eher plumpen Gegenspieler
erhalten: Der grobschlächtige Homer
Simpson darf nun auch in Springfield
Hydranten umfahren und sich an seinem geliebten Duff-Bier laben. Aber
zum Glück gibt es ja seine ungleich in-
telligenteren Nachfahren, die für Licht
am Cartoon-Horizont sorgen. Die
Park-Besucher haben die Möglichkeit,
eine Kostprobe der serieneigenen Ge-
tränkelinie zu erstehen.
Orlando | Universal Orlando Resort,
6000 Universal Blvd. | www.universal
orlando.com | wechselnde Öffnungs-
zeiten | Eintritt ab 96 $, Kinder 90 $

🚩Weitere Neuentdeckungen sind durch
dieses Symbol gekennzeichnet.

Das Gebäude des ü le lē in Tampa (▶ S. 17) ist historisch, die Einrichtung modern sachlich und
das Essen kreativ mit besten Produkten aus der Region zubereitet.

Wenn es Nacht wird in Miami Beach (▶ S. 68)
parken noble Schlitten vor den Hotels.

FLORIDA
ERLEBEN

ÜBERNACHTEN

Auf der Suche nach der passenden Unterkunft hat man die Qual der Wahl. Es reicht von der schlichten Schlafkabine in Autobahnnähe bis zum mondänen Domizil auf einer Insel. Ausschlaggebend für das Buchungsverhalten ist neben dem Budget auch die Art der Reise.

Das Übernachtungsangebot in Florida ist überwältigend groß und enorm vielfältig. Das **Motel** ist und bleibt ein Klassiker für den »road trip«, die Rundreise mit dem Auto. B&B-Unterkünfte (Bed & Breakfast) können sehr charmant und auch architektonisch reizvoll sein. Im Hostel wird der Miami-Aufenthalt selbst in der Hochsaison erschwinglich, und die Ferienwohnung ist ideal für den längeren Verbleib an einem Ort.

Die gebräuchlichste und auch verbreitetste Variante aber bleibt das Hotel, das in den USA auch gerne als »Inn«, »Lodge« oder »Resort« bezeichnet wird. Im **Urlaubsparadies** Florida manifestiert sich dabei ein klarer Trend: Amerikaner lieben das Leben im Überfluss. So geht der Trend in der oberen Preisklasse zur Suite mit Zweitbad und Drittfernseher.

Nicht mehr aufzuhalten ist auch das Phänomen »valet parking«. Der Gast fährt einfach mit seinem Vehikel vor, lässt den Schlüssel stecken und or-

◀ Dicke Lackschichten schützen das Holz
des alten Cypress House Hotels (▶ S. 23).

dert den Wagen am nächsten Tag per Anruf. Das kostet natürlich extra –
ebenso wie eine Erfindung namens »**Resort Fee**«. Dahinter verbirgt sich
eine Pauschale, die z. B. Pool-Handtücher, Internetzugang, Trinkwasser-
grundversorgung und Ähnliches zusammenfasst. Kostenpunkt: rund
25 $ pro Tag. Wie alle Preise bezieht sich auch dieser auf das gesamte Zim-
mer. Ob man dort allein oder – was bei zwei »queen beds« durchaus möglich ist – zu viert nächtigt, spielt keine Rolle. Während in den Luxushotels
das **Frühstück** immer separat berechnet wird, bieten viele Motels eine
Basisversorgung mit Filterkaffee, Bagels, Ei und vor allem viel Bacon an.

UNTERKUNFT FRÜHZEITIG RESERVIEREN

Wer von Mitte Dezember bis Anfang April südlich der Linie Orlando –
Tampa unterwegs ist, sollte sich vor allem an Wochenenden rechtzeitig um
ein Domizil kümmern. Weil in dieser Zeit ein ganzer Kontinent in die subtropischen Regionen drängt, ist die Nachfrage gigantisch. Übrig bleiben oft
nur jene Zimmer, in denen man lieber nicht schlafen möchte – und das
dann auch noch zu Preisen, die einem den Tag vermiesen können.

BESONDERE EMPFEHLUNGEN

Cypress House Hotel   ▶ S. 91, b 1

Zentral in der Altstadt – Ein Holzhaus
aus dem Jahr 1883 mit Veranda und
steilen Treppen. Geräumige Zimmer
mit Ventilatoren an den Decken, dazu
im Garten ein kleiner Pool inmitten
tropischer Vegetation. Wer eine solche
Vorstellung von Key West hegt, fühlt
sich im Cypress House mit Sicherheit
wohl und die Hotspots der Insel sind
nur wenige Fußminuten entfernt. Wer
allerdings eine Abneigung gegen Mo-
torengeräusche hat, sollte bei der Bu-
chung nach einem Zimmer fragen, das
nicht zur Straße hinausgeht.
Key West | 601 Caroline Street |
Tel. 30 52 94 69 69 | www.historickey
westinns.com | 22 Zimmer | €€€

Gale South Beach   ▶ S. 69, c 1

Wiederbelebtes Juwel – Ursprünglich
in den 1940er-Jahren errichtet, war das
Haus nach der Jahrtausendwende verlassen und dem Verfall ausgesetzt. Es
musste eine weitere Dekade vergehen,
ehe sich eine örtliche Hotelgruppe des
einstigen Juwels annahm. Im Jahre
2012 schließlich konnte der restaurierte
Bau wieder eröffnet werden – in strah-
lendem Weiß, mit klassischen Art-
déco-Applikationen und einem mo-
dernen, zeitgenössischem Interieur. In
den Sommermonaten ist dieser tropische Traum für vergleichsweise kleines
Geld zu haben.
Miami Beach | 1690 Collins Ave. | Tel.
30 56 73 01 99 | www.galehotel.com |
87 Zimmer | €€€

Grand Beach Hotel ▶ S. 69, c1

Blick aufs Meer – Weiß ist die Leitfarbe und zeitgenössischer Luxus das Motto: Wer in Miami im Grand Beach absteigt, residiert in einer Suite, zu der neben zwei Badezimmern auch zwei große Flachbildfernseher gehören. Diverse Schwimmbäder, Whirlpools und ein »tranquility pool« (Entspannungsbad) für Erwachsene bieten sich als Alternativen zum Baden im Atlantik an. Der Blick aus den oberen Stockwerken über die breiten Sandstrände auf den Ozean und die Wolkenkratzer der Stadt ist formidabel. Das Stammhaus liegt ein bisschen ab vom Trubel von South Beach. Beim Schwesterhotel in Surfside (North Beach) geht es noch etwas gemächlicher zu.
Miami Beach | 4835 Collins Ave. | Tel. 30 55 38 86 66 | www.miamihotelgrand beach.com | 430 Zimmer | €€€–€€€€

Grandview Gardens ⚑ K7

Bed & Breakfast mit Charme – Geräumige Zimmer und eine entspannte Atmosphäre in subtropischem Rahmen sind die eindeutigen Qualitätsmerkmale dieses empfehlenswerten kleinen Bed & Breakfast-Ferienhotels in West Palm Beach. Aber auch die einmalige Lage im historischen Viertel Grandview Height beeindruckt. Von hier aus ist es nicht weit bis ins mondäne Palm Beach – Fahrräder stehen im Hotel für Erkundungstouren bereit. Weil die Gastgeber Rick und Peter fließend Deutsch sprechen, fühlen sich hier auch amerikaunerfahrene Reisende wohl. Und wenn es nicht gleich Miami sein soll, sind die Grandview Gardens ein wunderbarer Ort um in Florida erst einmal »anzukommen«.

West Palm Beach | 1608 Lake Ave. | Tel. 56 18 33 90 23 | www.grandview gardens.com | 9 Zimmer, 6 Ferienhäuser | €€–€€€

Island Hotel ⚑ F4

Bezaubernd altmodisch – Ein Hotel mit weiten Fluren, großzügiger Veranda und passend eingerichteten Zimmern. Die Fußböden mögen ein wenig knarzen, allein schon wegen des Verzichts auf Fernseher und Telefon fühlt man sich in die Pionierzeit des Tourismus zurückversetzt. In der Bar des schon 1859 errichteten Hauses (»Neptune Lounge«) wird gerne musiziert und gesungen. Das Restaurant überzeugt mit gutem Seafood. Hier wird auch das im Preis inbegriffene Frühstück serviert.
Cadar Key | 373 2nd Street | Tel. 35 25 43 51 11 | www.islandhotel-cedarkey.com | 10 Zimmer | €–€€

Island Inn Hotel & Resort 👥 ⚑ H8

Entspannung im Strandhotel – Strahlend weißes und schön ruhiges Strandhotel mit geräumigen Zimmern, die über eine Veranda und eine komplett eingerichtete Küche verfügen. Weil die Straße viel weiter entfernt ist als das Meer, stehen Entspannung und Nachtruhe nichts im Wege. Entsprechend relaxt ist die Atmosphäre, das Frühstücksbüffet ist im Preis inbegriffen. Wer den Blick über das Wasser schweifen lässt, sieht mit ein wenig Geduld wie Delfine ihre Bahnen ziehen. Das Hotel liegt auch günstig für Fahrradausflüge über die sichelförmige Insel.
Sanibel Island | 3111 West Gulf Dr. | Tel. 80 08 51 50 88 | www.islandinnsanibel. com | 32 Zimmer | €€€

Sandpearl Resort Clearwater Beach

▶ S. 121, a 2

Diskreter Luxus – Aus geräumigen Zimmern mit modernem Interieur blickt der Gast auf den weitläufigen Strand von Clearwater Beach. Sollte das Meer einmal ruppig oder zu kalt sein, bleibt als Alternative der geschützte Pool. Das hervorragende Restaurant glänzt mit einer eigenen Bio-Linie. Und um den Verbleib des Automobils braucht sich der Gast keine Sorgen zu machen, denn auch hier kümmert sich ein Bataillon livrierter Laufburschen um den Wagen, sobald man vorfährt. So sähen die Luxushotels der großen Florida-Pioniere wohl aus, wenn sie in der Gegenwart lebten.
Clearwater Beach | 500 Mandalay Ave. | Tel. 86 63 84 29 95 | www.sandpearl.com | 253 Zimmer | €€€

St. George Inn

▶ S. 139, b 2

Zentral und behaglich – Dieses Hotel in St. Augustine hat einen direkten Zugang zur Fußgängerzone. Die Zimmer sind groß und komfortabel, die Atmosphäre behaglich und intim. Wenn es das Wetter erlaubt, kann das im Preis inbegriffene Frühstück im Innenhof konsumiert werden. Inhaber Irving Kass verrät gerne seine Geheimtipps für den Aufenthalt in der ältesten kontinuierlich bewohnten Stadt Nordamerikas.
St. Augustine | 4th George Street | Tel. 90 48 27 57 40 | www.stgeorge-inn.com | 25 Zimmer | ♿ | €€€

Weitere empfehlenswerte Adressen finden Sie im Kapitel FLORIDA ERKUNDEN.

Preise für ein Doppelzimmer mit Frühstück:

€€€€	ab 250 $	€€€	ab 150 $
€€	ab 80 $	€	bis 80 $

Wunderbar altmodisch und dabei ganz besonders edel ist die Einrichtung mit Möbeln im viktorianischen Stil im historischen Greyfield Inn (▶ S. 145) auf Cumberland Island.

ESSEN UND TRINKEN

Das Monopol von Fast Food und Fritteusen ist gebrochen.
Anstelle ungelernter Minimalisten stehen nun Perfektionisten in den
Küchen. Ihre Mission lautet, die wachsende Zahl der »Foodies«
mit frischen Produkten und innovativen Kreationen zu verwöhnen.

Obwohl die Macht der Ketten in den USA nach wie vor groß ist, geht der Trend in Florida klar zum eigentümergeführten Restaurant mit allenfalls der ein oder anderen Dependance. Vor allem in den Metropolen kommen **Feinschmecker** so fast flächendeckend auf ihre Kosten. Dabei wenden sich die Köche vor allem dem Meer, den karibischen Inseln und Südamerika zu.

INTERNATIONALE KÜCHE MIT REGIONALEN ZUTATEN

Leckere Ceviche, frische Austern aus dem Golf von Mexiko, gegrillter Fisch und Sushi sind nahezu allerorten in guter Qualität zu haben. Wer als Gastronom etwas auf sich hält, kauft die noch fehlenden Zutaten vorzugsweise bei Produzenten aus der Region. Eine weitere Bereicherung der Speisekarten sind die ethnischen Küchen, die im Schmelztiegel Florida in allen Variationen vorhanden sind. Unabhängig davon, ob es sich

◀ Frisches Seafood ist aus den Küchen Floridas nicht wegzudenken.

um spanische, argentinische oder kubanische Einwanderer handelt – die Rezepturen aus ihrer Heimat reichen sie mit Stolz und auf authentische Weise an die Kunden in der neuen Welt weiter. So sind Tapas, Ropa Vieja oder Churros heute allgegenwärtig.

Bei den Getränken ist die Evolution nicht minder vorteilhaft: Vor allem die **Craft-Bier-Szene** ist in den vergangenen Jahren regelrecht explodiert. In so ziemlich jedem Städtchen gibt es mindestens eine Brauerei, die mit würzigem »IPA« (India Pale Ale) oder Triples nach belgischem Vorbild die grauen Zeiten süßlicher Industriebiere vergessen macht.

Zu guter Letzt wären da noch die Desserts. Auch wenn der Trend in der Küche eindeutig zu leichten Gerichten geht, müssen Florida-Urlauber doch wenigstens einmal ein Stück »Key Lime Pie« essen – den köstlichen Limettenkuchen, der von den Florida Keys aus einen Siegeszug um die ganze Welt angetreten hat.

BESONDERE EMPFEHLUNGEN

Carne Chophouse ▶ S. 121, c 2

Gediegenes Steakhouse – Wer gerne gutes Fleisch vom Grill verspeist, ist in diesem Restaurant in Tampa richtig: Filet, T-Bone und Sirloin werden auf Wunsch mit Pfeffersauce gereicht oder in eine Blauschimmelkäsekruste gehüllt. Für Kinder gibt es eine kleine eigene Speisekarte. Klassische Cocktails. Auch die gemütlich eingerichteten Räume haben das Zeug zu einer Attraktion, denn sie befinden sich an historischer Stätte: Der Bau in Ybor City, nordöstlich des Stadtzentrums, war einst als »El Centro Español« bekannt und diente spanischen Einwanderern als Kulturzentrum.

Tampa | 1536 East 7th Ave. | Tel. 813341 9555 | www.carnechophouse.com | Mo–Do 11.30–22, Fr 11.30–23, Sa 16–23, So 16–21 Uhr | €€–€€€

Ford's Garage ◢◣ H7

Premium-Burger – Das Lokal liegt in der historischen Innenstadt von Fort Meyers und ist im Stile eines Diners eingerichtet. Hier huldigt man dem Automobilpionier, der in Fort Myers seine Winter zu verbringen pflegte. Die dicken Burger werden üppig mit bestem Fleisch vom Agnus- oder Koberind belegt und – zur Betonung einer urzeitlichen Wild-West-Maskulinität – mit einem »Brandzeichen« garniert. Die Karte mit Craft-Bieren ist beeindruckend umfangreich. Im Programm befinden sich auch Low-Carb-Burger, die ohne Brötchen und ohne Saucen gereicht werden sowie Seafood. Ein schönes amerikanisches Klischeelokal.

Fort Meyers | 1st Street | Tel. 239332 3673 | www.fordsgarageusa.com | Mo–Do 11–23, Fr, Sa 11–2, So 11–22 Uhr | €–€€

Lynn's Quality Oysters ⚓ D 3

Frisches Seafood – So etwas gibt es in Amerika eigentlich nicht mehr: Ein winziger Schuppen mit einer überdachten Veranda am Golf, wo die Austern direkt aus dem Wasser auf den Teller kommen. Eine Delikatesse, egal ob sie lediglich mit Zitrone serviert oder mit Käse und Jalapenos überbacken werden. Populär ist auch die »Seafood Gumbo«, eine opulent gefüllte Schalentiersuppe. Entspannte Südstaatler scheuen sich nicht davor, die Gunst der Stunde zu nutzen und im Zweifelsfall auch mittags ein Bierchen dazu trinken. Wer es vorzieht, Meeresfrüchte oder Fisch im Feriendomizil selber zuzubereiten, kann sich hier gleichfalls damit eindecken.

Franklin County/Eastpoint | 402 Highway 98 | Tel. 85 06 70 87 96 | www.lynnsqualityoysters.com | Mo–Sa 10–21, So 9–20 Uhr | €

Oolite Restaurant & Bar ▶ S. 69, b 1

Leicht und glutenfrei – Man könnte das Restaurant fast übersehen, aber es ist wirklich so: Das Oolite befindet sich in der New World Symphony, die der mehrfach ausgezeichnete amerikanische Architekt Frank O. Gehry entworfen hat. Diesen »USP« (Unique Selling Point) aber schlachtet das Restaurant nicht aus. Viel mehr setzt man auf Understatement, denn auch das kulinarische Konzept, gesund und mit regionalen Zutaten zu kochen, wird eher still kommuniziert. So bietet die Karte vegetarische, vegane und sogar glutenfreie Speisen. Trotz eher ungewöhnlicher Gerichte wie Curry-Zicklein möchte das Oolite in erster Linie ein Lokal für alle sein.

Miami Beach | 1661 Pennsylvania Ave. | Tel. 30 59 07 55 35 | www.oolite restaurant.com | Mi, Do 16–23, Fr 16–24, Sa 12–24, So 11–23 Uhr | €€–€€€

PB Catch Seafood ⚓ K 7

Gediegen und entspannt – Im noblen Palm Beach darf sich die High Society ausleben. Wenn den Reichen und Superreichen nach einem ungezwungenen Abendessen zumute ist, versammeln sie sich im PB Catch. Holzgetäfelte Wände und gedimmtes Licht bilden den optischen Rahmen für den Genuss von herrlich frischem Seafood. Wie der aus Bordeaux stammende Besitzer Thierry Beaud nicht ohne Stolz erklärt, ist sämtlicher Fisch auf der Karte »mit Leinen gefangen«. Verlockend ist die Raw Bar mit ihrer großen Auswahl an Meeresfrüchten und auch die »Seacuterie« kann sich sehen lassen. Darunter versteht das PB Catch auf innovative Weise zubereiteten und dekorativ angerichteten Fisch – z. B. als Lachs-Pastrami oder Muschel-Carpaccio. Unter dem Strich fühlt sich der Gast in die guten alten Zeiten vor dem Einsetzen des Massentourismus zurückversetzt. Das liegt auch am Service, der auf die üblichen amerikanischen Standardfloskeln weitgehend verzichtet.

Palm Beach | 251 Sunrise Ave. | Tel. 56 16 55 55 58 | www.pbcatch.com | Mo–Do 16.30–22, Fr, Sa 16.30–23 Uhr | €€€

Thomas Donut & Snack Shop ⚓ C 2

Lunchen wie die Einheimischen – Eine strahlend weiße Holzbude mit blauen Schildern und ein paar Picknickbänke, die einen ungestörten Blick aufs Meer gestatten. Mehr braucht das

Imbiss-Glück nicht. Bereits in der dritten Generation überzeugt das Lokal seine Kunden mit handgemachten Spezialitäten eindeutig amerikanischer Machart. Mit der Kombination aus Pork Chop Biscuit, Cheese Grits und einem Kirsch-Donut kommt man ein Weilchen durch den Tag.

Panama City Beach | 19208 Front Beach Road | www.thomasdonutandsnack shop.com | tgl. 6–22 Uhr | €

Wynwood Kitchen & Bar
▶ Klappe vorne, b 2

Angesagt im Underground – Die schöngeistige Elite von heute diniert am liebsten in Warenhäusern mit hohen Decken und extravaganten Wandgemälden. So wundert es nicht, dass dieses Restaurant die wohl angesagteste Adresse in Miamis Kunst- und Underground-Stadtteil Wynwood ist. Die Küche setzt auf karibisch angehauchte Gerichte im Tapas-Format, die man sich am Tisch ungezwungen teilt – z. B. rohe Gelbschwanzmakrele mit Mango-Chili-Sauce. Das Ambiente wird von einem episch großen Wandgemälde von Frank Shepard Fairey geprägt, einem Street-Art-Künstler aus der Skateboard-Szene. Die Atmosphäre ist angenehm ungezwungen und entspannt.

Miami | 2550 Northwest 2nd Ave. | Tel. 30 57 22 89 59 | www.wynwoodkitchen andbar.com | Mo–Sa 11.30–15.30 und 17.30–23, Fr, Sa bis 24 Uhr | €€–€€€

Weitere empfehlenswerte Adressen finden Sie im Kapitel **FLORIDA ERKUNDEN**.

Preise für ein dreigängiges Menü:

€€€€	ab 75 $	€€€	ab 50 $
€€	ab 20 $	€	bis 20 $

Die Wynwood Kitchen & Bar (▶ S. 29), mitten im Künstlerviertel gelegen, ist eine perfekte Mischung aus urbaner Kunst und innovativer lateinamerikanischer Küche.

Grüner reisen
Urlaub nachhaltig genießen

Wer zu Hause umweltbewusst lebt, möchte vielleicht auch im Urlaub Menschen unterstützten, denen ein verantwortungsvoller Umgang mit der Natur am Herzen liegt. Empfehlenswerte Projekte, mit denen Sie sich und der Umwelt einen Gefallen tun können, finden Sie hier.

Florida und Nachhaltigkeit sind nicht gerade ein Begriffspaar, das sich aufdrängt. Zu sorglos wurde der Bundesstaat im vergangenen Jh. erst zugänglich gemacht und dann bebaut. Bis heute ist der Druck immens: Immer mehr Amerikaner wollen sich dauerhaft zwischen den Keys und Tallahassee niederlassen, immer mehr Gäste aus aller Welt hier ihre Ferien verbringen. Wer Satellitenaufnahmen betrachtet, sieht schon jetzt die beängstigenden Ausmaße von unbändiger Bauwut und Tourismus: Zwischen Miami und West Palm Beach reichen die Siedlungen bis direkt an die Grenze der geschützten Everglades heran. Und entlang der beiden Küsten sieht es vielerorts ähnlich aus.
Doch es bleibt Hoffnung, dass auch künftige Generationen noch ein Florida entdecken können, wie es vor 100 Jahren ausgesehen hat. Und diese Hoffnung hat einen Namen: die Florida State Parks. Insgesamt 161 dieser Parks breiten sich zwischen Key West und der Grenze nach Georgia aus, hinzu kommen 10 State Trails. Sie alle dienen dem Zweck, Flora und Fau-

na zu schützen. Naturfreunde dürfen sich vor den Rangern und den freiwilligen Helfer verneigen, die durch ihren Idealismus zum Erfolg des Projekts beitragen. Ein Besuch der vom Umweltministerium Floridas getragenen Parks lohnt auf jeden Fall. Wer hier einen Aktivurlaub verbringt und vielleicht sogar zeltet, schließt sich dem bescheidenen Lebensstil vieler Parkmitarbeiter an.

Zumindest zaghafter Idealismus macht sich im hedonistischen Florida auch in anderen Lebensbereichen bemerkbar: Das Angebot an Bio-Lebensmitteln ist beachtlich – und vegetarische oder vegane Speisen haben Restaurants fast immer im Angebot. Viele Häuser sind ausschließlich auf Speisen spezialisiert, die ohne tierische Produkte auskommen.

ÜBERNACHTEN

Wakulla Springs Lodge 🏊 E2

2004 hat das Umweltministerium in Florida ein System ins Leben gerufen, mit dessen Hilfe die Anstrengungen von Übernachtungsbetrieben zugunsten der Umwelt mit Punkten bewertet werden. Kriterien sind unter anderem die Effizienz im Umgang mit Wasser, der Energieverbrauch und die Abfallmenge. Nach einer Inspektion werden eine bis vier Palmen vergeben. Zuletzt haben es immerhin 718 Unterkünfte auf die Liste geschafft, die im Internet jederzeit abrufbar ist (www.dep.state.fl.us/greenlodging). Einer der ersten Betriebe, der in die sogenannte »Green Lodging List« aufgenommen wurde ist die Wakulla Springs Lodge. Die Lodge wurde bereits 1937 von dem Geschäftsmann Edward Ball in Laufnähe zu den Quellen von Wakulla Springs errichtet und konnte den Status eines Grand Hotels für sich beanspruchen. Das Interieur ist bis heute kaum verändert: Die großzügige Lobby vereint Artdéco-Elemente mit spanischen Einflüssen. Auch die Zimmer wirken im positiven Sinne, als sei die Zeit hier stehen geblieben: Fernseher benötigt man hier nicht, dafür ist das W-Lan gut. Die Wakulla Springs Lodge ist übrigens das einzige Hotel in den 171 State Parks Floridas. Und natürlich eine exzellente Ausgangsbasis für einen angenehmen Aufenthalt im Park.

Wakulla Springs State Park, nahe Tallahassee | 550 Wakulla Park Dr. | Tel. 85 04 21 20 00 | www.wakullaspringslodge.com | 27 Zimmer | €€

ESSEN UND TRINKEN

Ethos Vegan Kitchen ▶ S. 101, c1

Ganz Orlando ist sich darin einig, dass dieses Restaurant das Beste seiner Art in der ganzen Stadt ist. Noch dazu befindet es sich mit Winter Park im schönsten Viertel. Die Küche ist international, dafür stammen die meisten Produkte aus der Region. Die Besitzer Kelly und Laina geloben darüber hinaus, ihr Personal stets anständig zu bezahlen und nur umweltverträgliche Verpackungen zu verwenden.

Orlando/Winter Park | 601 B South New York Ave. | Tel. 40 72 28 38 98 | www.ethosvegankitchen.com | Mo–Fr 11–23, Sa, So 9–23 Uhr | €

Juice and Java ▶ S. 96, c 2

»Du bist, was Du isst«. Getreu dieser Maxime serviert das Restaurant seinen Kunden seit 2002 mit einigem Erfolg ausschließlich frische Bio-Lebensmittel. Wer will, kann sich hier auf Salate und Smoothies beschränken. Doch auch ein Truthahn-Burger oder ein Thunfisch-Wrap sind zu empfehlen.

Miami Beach | 1346 Washington Ave. | Tel. 30 55 31 66 75 | www.juiceandjava. com | Mo–Do 8–21, Fr, Sa 8–20 Uhr | €

Sublime Restaurant & Bar ◀ K 8

Eigentümerin Nanci Alexander ist zugleich Gründerin der Vereinigung zur Einhaltung von Tierrechten in Florida. Mit ihrem Restaurant möchte sie beweisen, dass vegane Küche durchaus glamourös sein kann. Dabei erfreut sie sich einiger Unterstützung von Prominenten. Unter anderem äußerten sich bereits Paul McCartney und Alexe Baldwin sehr wohlwollend. Auf der Speisekarte stehen Gemüselasagne und ein Burger, dessen Belag aus dunklen Bohnen hergestellt wird.

Fort Lauderdale | 1431 North Federal Hwy. | Tel. 95 46 15 14 31 | www. sublimerestaurant.com | Di–So 17.30– 22 Uhr | €€

EINKAUFEN

Whole Foods ◀ 101, c 1

Der Einkauf von Lebensmitteln ist in den USA keine intime Angelegenheit. Auch die zehn Filialen dieser Bio-Supermarktkette sind von enormen Ausmaßen. Die Betreiber allerdings versprechen Produkte, deren Hersteller auf den Einsatz von Pestiziden und auf Genmanipulationen verzichten. Bei Tieren achten die Farmer auf artgerechte Haltung, Antibiotika kommen bei der Zucht nicht zum Einsatz. Whole Foods beachtet seine Prinzipien ohne Öko-Aura und Reformhausambiente. Die Waren sind appetitlich angerichtet, aber nicht ganz billig. Neben Orlando gibt es auch noch Filialen in West Palm Beach, Sarasoto und Tampa.

Orlando/Winter Park | 1989 Aloma Ave. | Tel. 4 07 67 38 78 8 | www.whole foodsmarket.com | tgl. 8–22 Uhr

Zen Zen ▶ Klappe vorne nördl., c 1

Körperpflege funktioniert auch ohne den Einsatz von Chemie. Davon ist das Team des Bio-Friseurs Zen Zen überzeugt. Sowohl Shampoos als auch Färbungsmittel sind aus natürlichen Produkten hergestellt. Für Nachfragen steht das Team zur Verfügung.

Miami | 17830 West Dixi Hwy., North Miami Beach | www.zenzenorganic salon.com | Di–Sa 10–19 Uhr

AKTIVITÄTEN

Avis »Smart Way«

Wer meint, dass individuelle Mobilität und verbesserte Umweltwerte kein Widerspruch sind, kann sich bei der Wahl des Mietwagens an der Initiative »Smart Way« von Avis erfreuen. Die Firma achtet nach eigenen Angaben bei der Zusammenstellung der Flotte auf gute Verbrauchswerte. Außerdem sind die Wagen mit Geräten zur elektronischen Erfassung von Mautgebühren ausgerüstet, wodurch Schlange stehen vermieden und der Spritverbrauch gesenkt wird. Zudem können sich die Fahrer auf Navigationsgeräte verlassen und so Umwege vermeiden – eine plausible Form des Fortschrittsglaubens.

Tel. 80 03 52 79 00 | www.avis.com

Florida State Parks

Unberührte Strände, einsame Inseln, weite Dünenlandschaften, riesige Marschlandschaften, intakte Korallenriffs oder weitläufige Wälder. Bei Attraktionen dieser Art stehen den Vertretern der Tourismusindustrie normalerweise die Dollarzeichen in den Augen. Nicht immer jedoch kann die Realität mit den wohlfeilen Worten mithalten. In den State Parks Floridas aber werden die Erwartungen der Besucher nicht selten sogar übertroffen, denn auf den rund 2800 qkm Fläche ist der Sunshine State meistens noch in jenem Zustand, wie ihn auch vorherige Generationen erleben durften.

Betrieben werden die State Parks vom Umweltministerium des Bundesstaates. Die Vision, rund 1,7 % der Gesamtfläche Floridas in ursprünglichem Zustand der Nachwelt zu erhalten, wäre jedoch nicht mehr als ein hehres Vorhaben, wenn es nicht so viele Menschen gäbe, die sich mit Idealismus der Sache verschrieben haben. Die Park Ranger z. B. verdienen nicht wesentlich mehr als 2000 $ pro Monat. Einige leben unter einfachsten Verhältnissen in dem Park, für den sie arbeiten. Hinzu kommen viele Ehrenamtliche, die rund 1,5 Mio. Arbeitsstunden pro Jahr in die Parks investieren. Weil alle Beteiligten wesentlich von der Freude an ihrer Arbeit zehren, sind die Park Ranger in der Regel freundlich und auskunftsfreudig. Wer Fragen hat, sollte nicht zögern diese bei einer Begegnung zu stellen – sei es bei der Einfahrt, im Besucherzentrum oder in der freien Natur.

Der Erfolg beim Publikum gibt den Idealisten Recht. Die Parks Floridas zählen pro Jahr etwa 20 Mio. Besucher, Einheimische wie Touristen. Der Eintritt ist mit Preisen zwischen 4 und 8 $ pro Fahrzeug günstig. Zudem sind Jahrespässe erhältlich, die sich bei längeren Trips lohnen können.

www.floridastateparks.org | Jahrespass 60 $, Familien 120 $

Ringschnabelmöven (Ring-billed Gull) sind weit verbreitet. Sie lieben Meer und Strände, als Allesfresser sieht man sie in den State Parks (▶ S. 33) aber auch häufig auf den Parkplätzen der Malls.

EINKAUFEN

Die Konsumkultur wird in den USA durch ein Feuerwerk immer neuer Schnäppchen und aberwitziger Rabattschlachten angetrieben. Einkaufsstraßen unter freiem Himmel machen den etablierten Shoppingmalls dabei zusehends Konkurrenz.

Shopping ist für viele Amerikaner Volkssport. Die Jagd nach dem günstigsten Schnäppchen oder dem neuesten Schnickschnack kann bisweilen bizarre Ausmaße annehmen – etwa wenn der Parkplatz der vermeintlich besten Mall trotz stadionwürdiger Kapazitäten überfüllt ist, weil es mal wieder 70 % Rabatt auf die ohnehin schon um 50 % reduzierten Artikel gibt. Wer keine Berührungsängste mit der **Konsumkultur** hat, kann sich in Florida nach Herzenslust austoben. Vor allem Kleidung und Schuhe sind für deutsche Begriffe preiswert, wobei der aktuelle Dollarkurs als Variable darüber bestimmt, ob gar die Klassifizierung »spottbillig« gilt. Ein festes Regelwerk, was wo zu welchem Zeitpunkt am günstigsten ist, existiert dabei nicht. Die ursprünglich zum Verkauf von B-Ware oder angestaubten Kollektionen ins Leben gerufenen Outlet-Center oder Malls sind nicht zwingend die erste Adresse.

◀ In der Lincoln Road Mall (▶ S. 36) kann
man vom Café aus gut Leute beobachten.

Der rituelle Konsum vollzieht sich gemeinhin in speziell dafür geschaffenen Paralleluniversen, die sich oft in verkehrsgünstiger Lage etwa in der Nähe von Autobahnkreuzen befinden. Der Charme eines urbanen Bummels bleibt dabei allerdings bis auf wenige Ausnahmen auf der Strecke, was selbst die Amerikaner zunehmend als ein Zeichen fehlender Lebensqualität empfinden.

ERLEBNISWELTEN AUCH IN DEN INNENSTÄDTEN

Wo immer es möglich ist, versuchen Planer in jüngster Zeit Innenstädte oder Stadtteile zu kreieren, die »walkable« sind. Miami Beach besitzt diese Qualität schon lange. Doch auch Palm Beach, Key West, Fort Myers, Naples oder St. Petersburg eignen sich für einen Einkaufsbummel. »Shop till you drop« lautet die weithin verbreitete Devise, der im Zweifelsfall erst die Gewichtsobergrenze des Fluggepäcks Einhalt gebietet.

BESONDERE EMPFEHLUNGEN

BÜCHER

Books and Books   ▶ S. 69, b 1

Eine eigentümergeführte und daher besonders liebevoll bestückte Buchhandlung mitten in der Fußgängerzone. Gut sortierte Abteilung über Miami und Florida. Mit Außengastronomie in der Lincoln Road.

Miami Beach | 927 Lincoln Road | www.booksandbooks.com | So–Do 10–23, Fr, Sa 10–24 Uhr

EINKAUFSZENTREN

Premium-Outlets am »I-Drive«
                            ▶ S. 101, b 3

Dem Orlando International Drive, kurz »I-Drive« genannt, kommen alle Funktionen zu, die einst eine Stadt ausgemacht haben. Die Straße schlängelt sich auf einer Länge von 18 km durch die Stadtwüste. Zwar muss sie ohne sichtbare planerische Akzente auskommen, dennoch weiß sie mit Superlativen zu beeindrucken: In den diversen Outlets gibt es nahezu 500 Geschäfte für preiswerte Designerkleidung. Die Zahl der Restaurants beläuft sich auf etwa 150. Die Orlando International Premium-Outlets am Nordende erinnern vom Aufbau her an eine Fußgängerzone. Amerikanische Labels wie American Apparal, Calvin Klein oder The North Face verkaufen hier oft, aber nicht ausschließlich, ausgemusterte Kollektionen. Auch Adidas, Converse, Nike und Konsorten sind mit einem gigantischen Angbot vertreten. Zuweilen gibt es auf die ohnehin günstigen Textilien solch groteske Rabatte, dass selbst die Kassierer mit dem Kopf schütteln.

Orlando | 5269 International Dr. | Mo–So 10–21 Uhr | www.premium outlets.com

Sawgrass Mills ⚑ K 8

Viel verrückter wird das Einkaufserlebnis nicht mehr: Das nordwestlich von Miami gelegene Einkaufszentrum Sawgrass Mills zählt mehr als 300 Geschäfte. Der Komplex ist so groß und an Wochenende auch so voll wie ein internationaler Flughafen. Die Mall ist als Outlet definiert, das heißt, hier wird Designerware mit starken Rabatten verkauft. Beides freilich sind unglaublich dehnbare Begriffe. Zu den Designern etwa zählen hier nicht nur die üblichen Produzenten von Jeans oder Turnschuhen, sondern auch europäische Premium-Marken wie Armani, Boss oder Prada. Wer es ernst meint mit dem Shopping, sollte wenigstens einen halben Tag einplanen.

Sunrise | 12801 West Sunrise Blvd. | www.simon.com/mall/sawgrass-mills | Mo–Sa 10–21.30, So 11–20 Uhr

The Mall at Millennia ▶ S. 101, b 2

Das ist die Premium-Adresse für High-End-Shopping. Gucci und Versace decken die Bedürfnisse der zahlungskräftigen Klientel ab. Urban Outfitters und Abercrombie & Fitch richten sich an eine preisbewusstere Kundschaft.

Orlando | 4200 Conroy Road | Mo–Sa 10–21, So 11–19 Uhr | www.mallatmillenia.com

EINKAUFSSTRASSEN

Lincoln Road Mall ▶ S. 69, b 1

Eine Fußgängerzone wie daheim – und dann auch wieder nicht. Die großzügige Lincoln Road Mall in South Beach Miami erstreckt sich über acht autobefreite Blocks. Premium-Geschäfte, Galerien und unzählige Restaurants säumen den Weg, wobei auch die ödesten

Ketten hier mitunter das Privileg genießen, in einem schmucken Art-déco-Gebäude zu residieren. Die Lokale lassen es sich nicht nehmen, Sitzgarnituren und Sonnenschirme im Freien zu postieren. Und so dient die Lincoln Road unter dem Strich weniger dem Einkaufen als vielmehr der gepflegten Beobachtung des schillerndem Publikums. Ein Erlebnis mit recht hohem Unterhaltungsfaktor.

Miami Beach | Lincoln Road, zwischen Washington Ave. und Alton Road | www.lincolnroadmall.com

Worth Avenue ⚑ K 7

Die erste Adresse im drittreichsten Ort des wohlhabendsten Landes auf Erden erfüllt exakt die Erwartungen, die Besucher haben dürfen: Schmuck von Tiffany's, Uhren aus der Schweiz und natürlich Haute Couture. Worth Avenue aber ist nicht nur etwas für Freunde der Dekadenz. Viel mehr ist die Straße auch historisch und architektonisch interessant, geführte Touren sind buchbar. In einigen Geschäften können auch Normalsterbliche das Warensortiment bezahlen.

Palm Beach | Worth Ave. | www.worth-avenue.com

ELEKTRONIK

Apple Store ▶ S. 69, b 1

Ob »Smart Shopper« gut beraten sind, Smartphones und andere Luxuskonsumgüter in den USA zu kaufen, müssen sie am aktuellen Dollarkurs und am individuellen Vertrauen in die Qualität der Produkte festmachen. Garantiefälle werden auf jeden Fall nicht einfacher. Aber auch ohne Kaufabsicht kann es rein phänomenologisch interessant sein, einen Blick in den minimalistisch eingerichteten Konsumtempel zu werfen. Wenn »heiße« Ware frisch auf dem Markt ist, geht es hier zu wie zur Rushhour in einem verkehrsreichen Bahnhof. In Miami kommt der Laden stilgerecht mit Art-déco-Hülle daher und bietet XXL-Öffnungszeiten. Filialen gibt es auch in Olando, Tampa und Fort Lauderdale.

Miami Beach | 1021 Lincoln Road | www.apple.com/retail/lincolnroad | Mo–Sa 10–23, So 10–22 Uhr

SCHALLPLATTEN
Joe's Record Exchange ⚓ H7

Im langsam endenden Zeitalter der CD erfreut sich die Schallplatte neuerdings wieder ungeahnter Popularität. Inhaber Joe beglückt die Vinyl-Fans gar mit einem Ladenlokal in der hübsch heraus-geputzten, aber immer noch übersichtlichen Innenstadt von Fort Myers. In den vielen Grabbelkisten befindet sich in großen Stückzahlen alte Platten von bekannten Sängern wie Bob Dylan oder Neil Young. Doch im Zuge der aktuellen Vinyl-Renaissance nimmt auch das Angebot an Neuveröffentlichungen wieder zu. Und weil im Laden aus den Lautsprecherboxen im herrlichen »Knister-Sound« sorgfältige ausgesuchte Songs erklingen, macht das Wühlen Spaß wie früher. Zu Joes Sortiment gehören auch Comics und Fachliteratur über die musikalischen Helden.

Fort Meyers | 2439 1st Street | Tel. 2393 3232 22 | Di–Sa 11–18 Uhr, So 12–17 Uhr

Weitere Geschäfte und Märkte finden Sie im Kapitel FLORIDA ERKUNDEN.

Bei Books and Books in Miami Beach (▶ S. 35) ist der Name Programm. Bücher wohin das Auge schaut. Im Fokus stehen die Themen Kunst, Design, Mode und Architektur.

SPORT UND STRÄNDE

*3000 km Küstenlinie, über 7700 Seen und mehr als 700 Süßwasser-
quellen, aus denen warmes Wasser sprudelt. In Kombination mit
ganzjährig milden bis tropischen Temperaturen sind dies gute
Argumente für ausgiebige Sonnenbäder und Wassersport.*

Die Strände Floridas sind hinreißend. Von den Keys bis zur Staatsgrenze
Georgias und vom Panhandle bis hinunter zu den Everglades müssen
Wasserratten und Sonnenanbeter selten lange suchen, um wunderbare
Küstenabschnitte zu finden. Auch hier gilt, dass die Strände in den State
Parks unerreicht sind, weil die Zivilisation und ihre Geräuschemissionen
dort auf Abstand gehalten werden. Am spektakulärsten sind jene Strände,
die nur mit dem eigenen Boot oder per Shuttle aus dem Park zu erreichen
sind – wie z. B. im Caladesi Island bei Clearwater Beach oder im Shell
Island bei Panama City Beach.
Nicht überall in Florida sind die Strände aber ohne Hindernisse zugänglich, denn oft sind sie über Kilometer hinweg von Privatanwesen zugebaut. Deshalb ist es hilfreich zu wissen, dass alle Strände rein theoretisch
im öffentlichen Besitz sind. Wer also auf einem unzugänglichen Stück

◄ Mit dem Bus werden die Paddler auf Anna
Maria Island (▶ S. 40) zum Strand gebracht.

Strand spazieren geht, mag sich nicht überall willkommen fühlen, strafbar allerdings macht er sich nicht.

Die Aktivitäten am und im Wasser sind vielfältig. So sind Amerikaner nicht erst seit Hemingway begeisterte Sportfischer, und auf den großzügig angelegten Pieren sind Angler gern willkommen. Wer tatsächlich zur Rute greift, benötigt allerdings eine Lizenz, die von der Florida Fish and Wildlife Conservation Commission ausgegeben wird. Für Touristen gibt es Varianten zwischen 17 und 47 $ (weitere Informationen hierzu finden Sie unter www.myfwc.com).

PARADIES FÜR SURFER, TAUCHER UND GOLFER

Auch das Surfen gehört zu den favorisierten Aktivitäten. Wer viel Outdoor-Erfahrung mitbringt, wird in Florida unbedingt die Marsch- und Sumpflandschaften per Kanu oder Kajak erkunden wollen. Nicht zuletzt können auch Taucher das große Glück finden, breitet sich doch von den Dry Tortugas über die Keys bis zum St. Lucie Inlet bei Port St. Lucie Nordamerikas einzig nennenswertes Korallenriff aus. Der Florida Reef Track ist rund 600 km lang, beliebtester Taucherort ist Key Largo.

Wandern und Radfahren ist in den vielen State Parks und auf einigen Inseln weit verbreitet. Darüber hinaus aber ist eine Infrastruktur hierfür wirklich nur marginal vorhanden. Ganz anders sieht die Lage für Golfer aus: Mit mehr als 1250 Plätzen herrschen geradezu paradiesische Zustände – nirgendwo in den USA ist das Angebot größer als in Florida. Da ist es nur folgerichtig, dass sich nördlich von St. Augustine auch die World Golf Hall of Fame befindet.

TOP TEN DER SCHÖNSTEN STRÄNDE

Auch wenn die Konkurrenz groß ist und die vielen Ranglisten wenig objektiv sind, dürfte kaum jemand ernsthaft bezweifeln, dass Florida in seiner Gesamtheit über die schönsten Strände der USA verfügt. Welcher Abschnitt von den mehr als 1000 km Sandstrand den individuellen Vorlieben am ehesten entspricht, kann niemand ernsthaft bewerten wollen. Wohl aber ist anhand bestimmter Parameter eine Auswahl zwischen Society-Strand und naturnaher Badelandschaft möglich. Nachfolgende Top-Ten-Liste kann Orientierung verschaffen. Aber sie ist bewusst ohne spezifische Reihenfolge gehalten.

STRÄNDE

Anna Maria Island ▶ S. 121, a 4

Die Insel überwacht den südlichen Zuweg zur riesigen Tampa Bay. Kontrolliert aber werden hier auch die Auswüchse der Architektur. Auf Anna Maria Island sind Hochhäuser nicht erlaubt. Vielleicht wirkt der Strand auch deshalb noch breiter und ursprünglicher, als er das ohnehin ist. Eine herrliche Adresse für einen Erholungstrip – vor allem, wenn man eine günstige Unterkunft findet.

www.annamariaisland.com

Bahia Honda State Park ◢◤ J 10

Die Florida Keys gehören nicht zu den ultimativen Badedestinationen. Grandiose Strände sind dennoch vorhanden – auch wenn das Wasser hier arg flach ist. Das Inselchen ist zusätzlich zu einem Bilderbuchstrand mit botanischen Raritäten gesegnet. Und natürlich mit den melancholischen Resten der Eisenbahnbrücke, die einst nach Key West geführt hat (▶ S. 82).

www.bahiahondapark.com

Clearwater Beach ▶ S. 121, a 2

Wo die Hotelgäste ihren Blick aufs Meer richten, ist der Strand von Clearwater Beach der vielleicht breiteste der Golfküste. Das gestattet eine entspannte Liegesituation beim Sonnenbad. Zugleich ist der Sand aber auch so fest, dass sportliche Betätigungen die Kondition nicht übermäßig strapazieren. Wer sich weiter nach Norden hervorwagt, sieht ein anderes Clearwater Beach: Hier, wo die Barriere-Insel nur 50 m breit ist, ist auch der Strand sehr schmal. Dafür führt der Weg mitten hinein in den herrlichen Caladesi Is-

land State Park (▶ S. 125), dessen Nordende dann wieder von einem sensationell breiten Sandstrand gesäumt wird.

www.clearwaterbeach.com

Little und Big Talbot Island State Park ◢◤ H 2

Auf einer Insel im Nordosten des Bundesstaates gelegen, vereinen diese beiden, nur lose zusammenhängenden Parks zweierlei Dinge: Im »kleinen« Park breiten sich wunderbare Strände und naturbelassene Dünen aus. Ein paar Kilometer weiter im Norden hingegen bricht die Küstenlinie abrupt ab. An einer Stelle, die von den Bewohnern »The Bluffs« genannt wird, ruhen melodramatisch die sterblichen Überreste stattlicher Bäume auf dem Strand. Nichts zum Baden, aber wohl für eine interessante Fotosession.

www.floridastateparks.org/park/Little-Talbot-Island, www.floridastateparks.org/park/Big-Talbot-Island

Naples ◢◤ H 8

Bei allen Merkwürdigkeiten, mit denen Naples ausgestattet ist, besitzt der Promi-Ort (▶ S. 134) doch den schönsten Stadtstrand der Golfküste. Anders als dies in den Exklaven der Elite sonst so oft der Fall ist, sind keine Anstrengungen sichtbar, Normalsterblichen den Zugang zu verwehren: Block für Block führen kleine Stichstraßen zu herrlich weißem Sand und azurblauem Wasser.

www.naplesgov.com

Palm Beach ◢◤ K 7

Weil der Golfstrom sich seinen Weg zwischen dem östlichsten Punkt Floridas und den nur 70 km entfernten Bahamas bahnen muss, ist das Wasser hier erheblichen Strömungen ausgesetzt. Dafür aber erreicht die Jahresdurchschnittstemperatur des Atlantiks hier mit fast 25 °C einen für ganz Florida gültigen Höchstwert. Der Strand von Palm Beach könnte dabei kaum ausbordender sein.

www.info-florida.de/palmstrand.htm

Panama City Beach ⚑ C 2

Ein makelloser, ziemlich breiter und schier nicht enden wollender Strand ist dem etwas überdrehten Ferienort vorgelagert. Das aber ist nur die Ouvertüre für die Küstenlinie auf Shell Island. Das vermeintliche Eiland muss zwar aus Gründen der Akkuratesse als Halbinsel demaskiert werden. Die unter den Füßen herrlich knirschenden, strahlend weißen Quarzsandstrände sind ausschließlich per Boot erreichbar.

South Beach Miami ▶ S. 69, C 3

Das tagtägliche Schaulaufen von Celebrities und Statisten, die Nähe zu den unvergleichlichen architektonischen Preziosen, breite Sandflächen und ein gehöriger Wellengang sind und bleiben Garanten für die Attraktivität von South Beach. Neuerdings wird auch das Essen in Miamis Glitzerstadtteil immer besser (▶ S. 158). Die Prognose lautet definitiv: Den Platz unter den zehn besten Stränden Floridas (und Gesamtamerikas) wird South Beach so schnell nicht verlieren.

www.miamibeachfl.gov

St. Augustine Beach ⚑ J 3

Das Städtchen konnte durch die Umschreibung der Geschichtsbücher bereits den Titel der ältesten kontinuierlich bewohnten Siedlung Nordamerikas für sich beanspruchen. Der zauberhaft unberührte und mit einzeigartigen Dünenlandschaften gesegnete Anastasia State Park (▶ S. 138) legt auch eine Spitzenposition in Sachen Strand nahe.

www.oldcity.com/beaches.php

St. George Island ⚑ D 3

Nicht ohne Sinn für Koketterie nennt sich der Küstenabschnitt südlich des Apalachicola National Forest »forgotten coast«. Tatsächlich ist die vorgelagerte Insel St. George Island noch immer ein Geheimtipp – und das, obwohl sie sich über mehr als 40 km von Westen nach Osten erstreckt. Die Strände sind auf der Golfseite gleichbleibend üppig. Hinter dem Portal zum Dr. Julian G. Bruce Saint George Island State Park (der heißt wirklich so) sind sie herzzerreißend schön und unberührt.

www.seestgeorgeisland.com

GOLF

Mit mehr als 1250 Golfplätzen ist Florida Spitzenreiter unter allen US-Bundesstaaten. Wer hier an seinem Handicap arbeiten möchte, hat rund doppelt so viele Plätze zur Auswahl, wie sie in ganz Deutschland zu Verfügung stehen. Zu den Top-Destinationen gehören Miami, Fort Lauderdale, Palm Beach, Naples, Sanibel, Fort Myers, Sarasota, Tampa, Orlando und Panama City. Die Greenfees sind meist deutlich günstiger als in Europa. Beinharte Golf-Fans sollten sich die World Golf Hall of Fame und das World Golf Village bei St. Augustine nicht entgehen lassen. Die weitläufige Anlage besteht aus sechs Plätzen, zwei davon wurden von den Spielerlegenden Arnold Palmer und Jack Nicklaus entworfen.

St. Augustine | 21 World Golf Place | www.worldgolfvillage.com, www.fgolf.com

KAJAK UND KANU

Wer mit dem Kajak oder dem Kanu auf Flüssen und Seen, in den Everglades oder in anderen Naturparks unterwegs ist, kann sich Erlebnissen von bleibendem Wert sicher sein. Näher kommt man Alligatoren, Schildkröten, Manatees und den vielen Wildvögeln nicht. Die Monate von Dezember bis April eignen sich am besten fürs Paddeln, weil der Wasserstand niedrig ist und die Insektenpopulationen klein sind. Ausführliche Informationen zu Strecken und der Anmietung von Material finden sich auf den Homepages der State Parks und der Everglades. Für Einsteiger eignet sich die Marina von Flamingo gut als Ausgangspunkt. Hier werden von November bis April Boote verliehen, mit denen man in übersichtlichem Gelände paddeln kann. Fortgeschrittene können derweil aus mehreren markierten Routen auswählen, die tief in die Everglades hineinführen. www.evergladesnationalparkboattours flamingo.com, www.nps.gov/ever

RADFAHREN

Citi Bike Miami und Tampa

Von Downtown Miami über South Beach bis hinauf nach Surfside können Fahrradenthusiasten vom Angebot der Verleihfirma Citi Bike Gebrauch machen. Nach vorheriger Online-Anmeldung stehen Touristen verschiedene zeitliche Optionen offen, die von 30 Minuten bis zu einem Monat reichen. Per Kreditkarte und Code werden die Velos an mehr als 100 Orten ausgelöst und an anderer Stelle wieder abgestellt. Ganz ähnlich funktioniert das System in Tampa. www.citibikemiami.com | Leihgebühr 4–35 $ | www.coast.socialbicycles com | Leihgebühr 5–30 $

Key West ⚓ H 10

Die Insel hat genau die richtige Größe, um sie gemütlich auf zwei Rädern auszukundschaften. Key West | Bikeman Bikes, 301 Duval Street | bikemanbikerentalkeywest. com

Pinellas Trail ⚓ G 5

Früher hat eine Bahntrasse St. Petersburg mit Tarpon Springs verbunden. Diese ist mittlerweile stillgelegt und zu einem Rad- und Wanderweg umgewandelt worden. Ein schönes Konzept, denn im Land der Automobile können muskelbetriebene Fortbewegungsmittel kaum irgendwo so ungestört genutzt werden. Die ausgebaute Strecke führt durch sehr unterschiedliche Gegenden und ist zurzeit 61,5 flache, aber keineswegs windgeschützte Kilometer lang. Gute Ausgangspunkte sind je nach Verbleibort Dunedin oder St. Petersburg. Dunedin | Dunedin Cyclery (Radverleih) | 998 Douglas Ave. (direkt neben dem Pinellas Trail) | Tel. 727 466 12 45 | www.dunedincyclery.com | Mo–Sa 10–18, So 11–16 Uhr

Lake Trail Palm Beach ▶ S. 162

SURFEN

Das Wellenreiten wird eher mit Hawaii oder wenigstens mit Kalifornien in Verbindung gebracht. Weil Florida jedoch über eine Atlantikküste von beträchtlichem Ausmaß verfügt, eignen sich die Wellen mancherorts auch hier. Die meiste Wertschätzung genießt der Ozean an der »Space Coast«, wo New Smyrna Beach (bei Daytona) und der Sebastian Inlet (bei Palm Bay) die Hotspots der Kenner sind. Auch Surfer-Ikone Kelly Slater hat hier das Wellenreiten gelernt. Das lokale Epizentrum der bisweilen etwas selbstverliebten Surfkultur ist Cocoa Beach. Wer Ausrüstung benötigt, muss keine Engpässe fürchten, denn die Pforten des Surfshops von Ron Jon (▶ S. 113) sind rund um die Uhr geöffnet. An der Golfküste ist das Meer meist flach wie ein Surfbrett. Wenn bei Sturm die Brandung auflebt, sind allenfalls Kite- oder Windsurfer zu sehen.

www.nsbfla.com,
www.sebastianinletcam.com

TAUCHEN

Die Liebhaber von Unterwasserwelten können sich in Florida die Augen aus dem Kopf schauen, denn der Bundesstaat bietet eine enorme Bandbreite. Key Largo und der Biscayne Nationalpark gelten als absolute Premiumadressen zur Erkundung des einzigen großen Korallenriffs Nordamerikas. In den Gewässern des Golfs von Mexiko liegen derweil so viele Schiffswracks auf Grund, dass deren Erkundung bereits Volkssport ist. Ein guter Ausgangspunkt für das Wracktauchen ist Panama City Beach. Und als wäre das nicht genug, entspringen zwischen Pensacola und Miami rund 700 Quellen, von denen mehrere über eigene Höhlensysteme verfügen und die allesamt glasklares Wasser führen. Hierfür ist ein Tauchschein erforderlich.

Knallbunte Strandschönheiten sind die »Lifeguard Stands«, die Unterstände der Rettungsschwimmer am öffentlichen Strand von South Beach Miami (▶ S. 68).

Biscayne National Park   ⚓ K 9

Nur wenige Kilometer südlich der Glitzerwelt Miamis entfaltet sich im Biscayne National Park eine andere Zauberwelt. Der Nationalpark befindet sich als einziger seiner Art in den USA zu mehr als 95 % unter Wasser. In den türkisfarbenen Fluten können Taucher das imposante Korallenriff Floridas erkunden. Auch sind in dem Areal einige Schiffswracks zu sehen. Alle Unterwasserausflüge erfordern vorherigen Transfer in einem Boot. Damit auch Besucher tauchen und schnorcheln können, hat der Nationalpark speziell hierfür zwei Gefährte abgestellt. In den Gewässern leben mehr als 600 verschiedene Fischspezies.

Homestead | 9700 Southwest 328th Street | www.nps.gov/bisc | tgl. 7–17.30 Uhr, ab Convoi Point

HÖHLENTAUCHEN

Die weit verzweigten Höhlensysteme der vielen Quellen Floridas sind nur für erfahrene Taucher geeignet, die einen Tauchschein vorlegen müssen.

www.floridasprings.org

John Pennecamp Coral Reef State Park   ⚓ K 9

Der State Park auf Key Largo zählt auf den ersten Blick nicht zu den spektakulärsten. Wer sich jedoch vorab mit dem Areal befasst hat, weiß, welche Klientel hier hinkommt: Es sind überwiegend Taucher, die zum Korallenriff fahren oder die Mangrovensümpfe erkunden. Nordamerikas erster Unterwassernaturpark wurde bereits 1963 gegründet und eignet sich auch für Schnorcheltouren. Scuba-Taucher können vor Ort Geräte ausleihen. Wer den Kontakt zum Wasser grundsätzlich scheut, hat auf einem Boot mit Glasboden Gelegenheit, das Areal auszukundschaften.

Monroe County/Key Largo | Mile Maker 102601 Overseas Hwy. | www.floridastate parks.org | tgl. 8 Uhr bis Sonnenuntergang | Eintritt 8 $ pro Fahrzeug, Schnorcheln ab 15 $, Bootstouren 24 $

Wracktauchen   ⚓ C 2

In Panana City Beach sind jene Taucher gut aufgehoben, die sich von Wracks angezogen fühlen. Neben gesunkenen Schiffen aus dem Zweiten Weltkrieg werden hier zur Bespaßung von Tauchern auch immer mehr Gegenstände versenkt, die das Unterwasserfreilichtmuseum bereichern. Wer einfach nur schnorcheln möchte, kann ohne weitere Transfers von den Ufern des St. Andrews State Park zu spannenden Touren aufbrechen.

www.visitpanamacitybeach.de

WANDERN

Als Massenbewegung kommt dem Wandern in Florida eine andere Bedeutung zu als im deutschsprachigen Raum. Als »hike« wird nicht selten ein Spaziergang auf einem eingezäunten Weg angekündigt, der auf Holzplanken durch ein sehenswertes Biotop führt. Die Streckenlänge beschränkt sich meist auf 500 m bis 2,5 km. Da ist nichts gegen einzuwenden, außer eben, dass besagte Aktivität wenig mit dem Ausdauersport Wandern gemein hat. Dafür besitzen die Wege in aller Regel den keineswegs selbstverständlichen Vorteil, dass sie auch für Rollstuhlfahrer zugänglich sind. Doch es geht auch anders: So führt mit dem Florida National Scenic Trail ein veritabler Wan-

Key Largo (▶ S. 87) zählt zu den besten Tauch- und Schnorchelrevieren. Da kann es auch wie hier zu überraschenden Begegnungen unter Wasser kommen.

derweg auf mehr als 2000 km durch den Staat. Ausgangspunkt ist das Naturreservat Big Cypress (▶ S. 164). Von dort haben Abenteurer die Möglichkeit, durch den Opala und Apalachicola National Forest bis an die Staatsgrenze von Alabama zu gelangen. Obwohl ein gewisser Wagemut erforderlich ist, die von Alligatoren und Schlangen bevölkerten Gewässer zu erkunden, setzt sich seit einiger Zeit in Florida ein neuer Trend durch: »wet walks«. Dabei handelt es sich um geführte Touren durch die Wasserlandschaften der Everglades und vergleichbarer Lebensräume, bei denen die Teilnehmer in geeigneter Schutzkleidung durch das Wasser waten. Die vor allem von März bis Oktober extremen Temperaturen gebieten eine umsichtige Versorgung mit Trinkwasser – Experten empfehlen bis zu 3,5 Liter pro Tag und Person. In vielen Teilen des Bundesstaats stehen Wanderern (und anderen Outdoor-Abenteurern) gute bis sehr gute Campingplätze zur Verfügung. Verhaltenstipps für Outdoor-Trips in (sub-) tropischen Gefilden bietet die Webseite www.floridaadventuring.com

www.floridatrail.org

FESTE FEIERN

In Florida soll sich niemand langweilen. Daher werden das gesamte Jahr über Festivals ausgerichtet. Auch wenn Film, Folklore oder Kulinarik ihre eigenen Vorzüge haben, nie blickt die Welt so gespannt auf den Sonnenstaat wie während der Art Basel Miami Beach.

Die jährlich im Dezember veranstaltete Art Basel Miami Beach bietet der Elite der internationalen Kunstszene den willkommenen Vorwand, einen Teil der Vorweihnachtszeit in Miami zu verbringen und dabei auch noch Geld zu verdienen. Doch die Kunstmesse hat der Stadt auch insofern gut getan, als sie ihr einen Schub in eine neue Richtung gegeben hat. Unter anderem steigt nun mit der Art Wynwood eine Zweitmesse für Nachwuchskünstler. Die Metropole aber hat auch Festivals im Angebot, bei denen nicht die Finanzkraft und Eitelkeiten im Vordergrund stehen, sondern Tradition und Authentizität. Und gleich zwei der aufregendsten Events hat Miami ihren karibischen Einwanderern zu verdanken: den Miami Carnaval und das Goombay Festival. Für ausgelassenes Feiern steht auch Key West, wo sich das Fantasy-Fest Ende Oktober langsam zu einer feuchtfröhlichen Alternative zum Mardi Gras in New Orleans mausert. Ganz zu

◀ Vor einem Chevrolet Bel Air, Baujahr 1957,
bleibt auch ein Hipster interessiert stehen.

schweigen von den Hemingway Days im Juli, wenn sich erwachsene Männer nicht ohne ein Augenzwinkern darum bemühen, den Draufgänger-Look des Vorzeigeschriftstellers in die Gegenwart zu transportieren.

FESTIVALS MIT BREITER THEMENVIELFALT

Orlando bekanntlich verdankt seine meisten Besucher den Vergnügungsparks. Im Juni, so liberal sind die USA mittlerweile, werden diese im Rahmen der Gay Days kollektiv von Homosexuellen besucht. Auch Themenparkverweigerer kommen in Orlando auf ihre Kosten – etwa wenn im schönen Vorort Winter Park das Florida Film Festival steigt.

Bliebe noch die steigende Zahl von Food-Festivals, die entweder die lokale Gastronomieszene oder eine kulinarische Tradition in den Vordergrund rücken. Eine köstliche Form der Folklore ist das Seafood-Festival in Amerikas selbsterklärter Austernhauptstadt Apalachicola.

JANUAR

Art-déco-Weekend, Miami
Dreitägiges Festival zur Huldigung der örtlichen Bau- und Designkultur. Mit Führungen, Besichtigungen, Modenschauen und einer Parade klassischer amerikanischer Automobile.
Mitte Januar
www.artdecoweekend.com

Gasparilla, Tampa 👫
Viele Piraten und eine Parade: Tampa erinnert mit diesem Familienspektakel Jahr für Jahr an den Freibeuter José Gaspar.
Ende Januar oder Anfang Februar
www.visittampabay.com

FEBRUAR

Edison Festival of Lights, Fort Meyers 👫
Mit einer Serie von Veranstaltungen gedenkt Fort Myers seinem einstigen Bewohner Thomas Alva Edison. Höhepunkt ist eine Lichterparade am 11. Februar, dem Geburtstag des Erfinders, der über 1000 Patente angemeldet hat.
Erste Februarhälfte
www.edisonfestival.org

Florida State Fair, Tampa
Seit über einem Jahrhundert ein Jahrmarkt wie man ihn sich wünscht: Fahrgeschäfte, Tier-Shows und die dazugehörige kulinarische Infrastruktur.
Erste Februarhälfte
www.floridastatefair.com

Wine & Food Festival, South Beach Miami
Eines der größten Festivals für Feinschmecker – mit einer Reihe hochkarätiger (und hochpreisiger) Seminare.
Ende Februar
www.sobefest.com

Art Wynwood, Miami/Wynwood

Die junge Kunstmesse in Miamis hipstem Stadtteil: Hier stellen am Presidents-Day-Wochenende die noch nicht arrivierten Künstler ihre Werke aus.

Mitte Februar

www.artwynwood.com

MÄRZ

Carnaval Miami, Miami

Neun Tage lateinamerikanischer Lebensfreude mit Kochwettbewerb, Miss-Wahl, Fußballturnier und einem Jazzfestival. Höhepunkt ist das Calle Ocho Festival in Little Havana.

Erste Märzhälfte

www.carnavalmiami.com

Sarasota Jazz Festival, Sarasota

Die Klassik-Hochburg widmet sich einmal im Jahr mit einem kleinen Festival für eine Woche dem Jazz.

Anfang März

www.jazzclubsarasota.org

APRIL

Florida Film Festival, Orlando

Orlando hat nicht nur Vergnügungsparks: Das Filmfestival im Stadtteil Winter Park rückt zehn Tage lang den Independent-Film in den Blickpunkt.

Anfang April

www.floridafilmfestival.com

MAI

Isle of Eight Flags Shrimp Festival, Amelia Island

Früher hat man auf Amelia Island vom Krabbenfang gelebt. Heute gedenkt man der Zunft mit einem dreitägigen Festival am Fernandina Beach.

Anfang Mai

www.shrimpfestival.com

Sun Fest, West Palm Beach

Eines der größten Pop- und Kunstfestivals in Südflorida. Mit gutem Programm und Blick aufs Wasser.

Anfang Mai

www.sunfest.com

Florida Folk Festival, White Springs

Südstaatenfolklore am Suwanee River, den Stephen Foster mit einem Song bekanntgemacht hat. Austragungsort ist der Culture Center State Park.

Zweite Maihälfte

www.floridastateparks.org/folkfest

JUNI

Gay Days, Orlando

Festival für Schwule und Lesben, bei dem der Besuch der Themenparks Orlandos zum Programm gehört.

Juni

www.gaydays.com

JULI

Independence Day

Am 4. Juli, dem Unabhängigkeitstag, feiert sich Amerika selbst. Das heißt: Es werden Partys gefeiert, es gibt Paraden, Konzerte und Feuerwerk. Viele Gegenstände werden an diesem Tag in den Farben Rot, Weiß und Blau geschmückt.

4. Juli

Hemingway Days, Key West

Niemand hat den Mythos Key West mehr befeuert, als der größte Popstar der amerikanischen Literatur. Jahr für Jahr bedankt sich seine vorübergehende Wahlheimat mit einem Festival, das in dem berühmten Hemingway-Doppelgängerwettbewerb kulminiert.

Zweite Julihälfte

www.fla-keys.com/hemingwaymedia

AUGUST/SEPTEMBER

Miami Spice, Miami

Viele Restaurants bieten während der ruhigeren Monate der Saison eigens zusammengestellte Dreigangmenüs mit den Hausspezialitäten für 23 $ (Lunch) oder 39 $ (Abendessen).

August und September
www.miamiandbeaches.de/special-offers/monthly-deals/miami-spice-month

OKTOBER

Fantasy Fest, Key West

Eine Art Straßenkarneval, der über die Jahre immer ausgelassener geworden ist und der mit Halloween seinen Höhepunkt findet. Die Besucher von Key West sind an diesen Tagen noch verrückter als sonst.

Letzte Oktoberwoche
www.fantasyfest.com

NOVEMBER

Book Fair International, Miami

Es ist eines der größten Literaturfestivals in den USA mit Lesungen und den Antiquariatstagen.

Zweite Novemberhälfte
www.miamibookfair.com

DEZEMBER

Art Basel Miami Beach, Miami

Die Messe hat Miami auf die Landkarte der international gefragten Kunststädte gebracht. 250 führende Galerien aus aller Welt erhalten Einladungen zu diesem Event. Galeristen, Künstler und Kunst-Freaks freuen sich Jahr für Jahr, denn in den anderen Kunstmetropolen ist der Winter eher unbarmherzig.

Erstes Dezemberwochenende
verschiedene Austragungsorte in Miami |
www.artbasel.com/miami-beach

Es geht um Bart und Bauch beim großen alljährlich stattfindenden Doppelgänger-Wettbewerb während der Hemingway Days auf Key West (▶ S. 48).

MIT ALLEN SINNEN
Florida spüren & erleben

*Reisen – das bedeutet aufregende Gerüche und neue Geschmacks-
erlebnisse, intensive Farben, unbekannte Klänge und unerwartete
Einsichten; denn unterwegs ist Ihr Geist auf besondere Art und
Weise geschärft. Also, lassen Sie sich mit unseren Empfehlungen
auf das Leben vor Ort ein, fordern Sie Ihre Sinne heraus und erleben
Sie Inspiration. Es wird Ihnen unter die Haut gehen!*

◀ Die Reise in Harry Potters Hogwarts-Express (▶ S. 51) endet in Hogsmeade.

ESSEN UND TRINKEN
Tropical-Dinner-Vergnügen
▶ Klappe vorne, westl. a 5

Im schicken Stadtteil Coral Gables steht mit dem Biltmore Hotel ein unverwechselbares Gebäude. Ein zentraler Turm mit klassizistischen Säulen überragt den 1926 im Mediterranean-Revival-Stil erbauten Komplex, der auf eine wechselvolle Geschichte mit unterschiedlichen Nutzungen zurückblickt. Wer einfach nur mal die Atmosphäre des ungezwungen noblen Hauses atmen möchte, sollte an einem angenehm warmen Abend einen Tisch im Restaurant Fontana reservieren. Umgeben von tropischer Vegetation mundet die mit amerikanischen Anklängen versehene italienische Küche vorzüglich. Eine andere Art, das sehenswerte Haus kennenzulernen, sind die kostenlosen Führungen am Sonntag (14 und 15.30 Uhr).

Miami/Coral Gables | 1200 Anastasia Ave. | Tel. 30 59 13 32 00 | www.biltmore hotel.com | Mo–Sa 11.30–15 und 17–22.30, So 18–22.30 Uhr | €€€

KULTUR UND UNTERHALTUNG
Harry Potters Fantasiewelt ▶ S. 101, b 2

In der Bahnhofshalle von King's Cross ist aus der Ferne das Rumpeln eines Zuges zu hören. Adrett uniformiertes Personal erteilt Anweisungen für die bevorstehende Reise. Dann rollt eine bordeauxrote Dampflok auf Bahnsteig 9 ¾ ein. »Willkommen im Hogwarts-Express!«, schallt es aus den Lautsprechern. Als sich der Zug in Bewegung setzt, erscheint auf den Fenstern ein Animationsfilm, der die Fahrgäste noch tiefer in die Welt des Harry Potter einführt. Wenn Sie dann in dem tiefverschneiten Fantasieort Hogsmeade ankommen, sind Sie dem Charme der Top-Attraktion des Universal Resort sicher endgültig erlegen. Viel besser kann Illusionsunterhaltung nicht sein. In diesem Falle ist sie sogar so gut, dass auch bisherige Potter-Ignoranten mit der Lektüre liebäugeln.

Orlando | Universal Orlando Resort, 6000 Universal Blvd. | www.universal orlando.com | wechselnde Öffnungszeiten | Eintritt ab 139 $, Kinder 130 $

Begegnung mit einem Astronauten 🔖 J 5

Mit einem Astronauten zu Mittag essen? Oder einem Weltraum-Veteranen in kleinem Rahmen Fragen über sein aufregendes Leben stellen? Beides ist im Kennedy Space Center möglich. Im Mittelpunkt stehen dabei keineswegs

Akteure aus der dritten Reihe. Viel mehr sind es Koryphäen wie der erste Brasilianer im Weltall, Marcos Pontes, die den Kontakt zum Publikum suchen. Das bürgt in der Regel für ungewöhnliche Biographien und Informationen aus erster Hand über das Astronautendasein. Nicht nur für Träumer, die schon immer mal ins All wollten, ein mutmaßlich unvergessliches Erlebnis.

Merritt Island | Kennedy Space Center | Tel. 86 67 37 52 35 | www.kennedyspace center.com | wechselnde Öffnungszeiten | Eintritt 50 $, Kinder (3–11 J.) und Senioren (ab 55 J.) 40 $

MUSEEN UND GALERIEN

Chihuly Collection, St. Petersburg
▶ S. 121, a 3

Kitschig und furchtbar altmodisch. So lauten gängige Vorurteile gegenüber der künstlerischen Verarbeitung von

Glas – wäre da nicht ein gewisser Dale Chihuly. Der 1941 geborene Amerikaner schafft ebenso großformatige wie farbenfreudige Fantasiewelten, bizarre Werke, die sich irdischen Vergleichen weitgehend entziehen. Der auf einem Auge blinde Künstler benötigt für seine aufwendigen Skulpturen ein ganzes Team von Spezialisten. Das Ergebnis führt in ein surreales Paralleluniversum, das irgendwo zwischen Korallenriff, Tropfsteinhöhle und Animationsfilm angesiedelt ist. Der Bau des Morean Arts Center im Zentrum von

St. Petersburg rundet ein besonderes Erlebnis ab, das am besten komplett ohne Vorbereitung funktioniert.

St. Petersburg | 400 Beach Dr. | www. moreanartscenter.org | Mo–Sa 10–17, So 12–17 Uhr | Eintritt 15 $, Kinder und Studenten 11 $, Senioren (ab 65 J.) 14 $

AKTIVITÄTEN

Ein Tag auf dem Pontonboot C 2

Der perfekte Tag am Meer ist planbar. Und das geht so: Erste Station ist der Supermarkt, wo die Kühltasche mit allen essentiellen Zutaten gefüllt wird. Weiter geht es zur Marina, wo das gemietete Pontonboot bereitsteht. Auf der St. Andrew Bay lässt man sich anschließend gepflegt treiben, wobei die Chancen gut stehen, dass neugierige Delphine vorbeischauen. Und wenn der Müßiggang langweilig zu werden droht, nimmt der Kapitän Kurs auf Shell Island. Die sieben Meilen lange Halbinsel ist naturbelassen, mit strahlend weißen Stränden gesegnet – und nur auf dem Wasserweg erreichbar.

Panama City | Bay Point Marina, 3824 Hatteras Lane | www.baypointmarina. net | 125 $ (1/2 Tag)

Dolphin Research Center I 10

Delfine in Gefangenschaft zu halten, ist weder menschlich noch zeitgemäß. Das Forschungszentrum ist jedoch weder Zoo noch Zirkus. Die Anfänge gehen bis in die 40er-Jahre des 20. Jh. zurück, als ein Fischer sein Zuhause mit einigen Delfinen geteilt und per Zufall entdeckt hat, dass die Meeressäuger verspielt und intelligent sind. Sein Interesse wuchs weiter und kulminierte vorerst darin, dass auf seinem Anwesen auf Marathon Key weite Teile der TV-

Serie »Flipper« gedreht wurden. Heute leben hier kranke und verletzte Tiere, die im Meer nicht überlebensfähig sind. Sie werden von Fachleuten betreut. Was die Delfine an welchem Tag machen wollen, bleibt ihnen selbst überlassen. Die tierfreundliche Einstellung manifestiert sich auch darin, dass auf dem Gelände Leguane frei herumlaufen. Dabei handelt es sich bekanntlich um Vertreter einer nichtindigenen Spezies, die andernorts gejagt werden. Die Mitarbeiter des Forschungszentrums sind der Meinung, die Tiere könnten ja auch nichts dafür, dass sie in Florida ausgesetzt wurden.

Grassy Key | 58901 Overseas Hwy. | Tel. 305 289 11 21 | www.dolphins.org | tgl. 9–16.30 Uhr | Eintritt 25 $, Kinder (4–12 J.) 20 $

Ten Thousand Islands   H 8

Everglades City ist ein verschlafener Flecken Erde. An der Westseite des Nationalparks führt der letzte Außenposten der Zivilisation in die Ten Thousand Islands, ein Labyrinth aus unbewohnten Mangroveninseln, das auf vergleichsweise sanfte Weise per Boot erkundet werden kann. Los geht es unweit jener Landepiste, auf der Präsident Harry Truman 1947 angereist ist, um den Nationalpark Everglades auszurufen. Es dauert nicht lange, ehe Fischadler gesichtet werden. Mit etwas Glück scharen sich neugierige Delfine um das Boot. Und bei entsprechender Windrichtung kündigt sich in den Wintermonaten bald der markante Geruch einer Weißpelikankolonie an, die sich auf einer entlegenen Sandbank von den Reisestrapazen ausruht. Eine Lebenswelt, deren fast schon entrückte Schönheit ein wenig trügerisch ist, denn während der Tour fällt der Blick unweigerlich auch auf die am Horizont sichtbaren Hochbauten von San Marco Island.

Everglades City | 815 Oyster Bar Lane | www.evergladesnationalparkboattours gulfcoast.com | Abfahrten zwischen 9–17 Uhr, Eintritt 32 $, Kinder (5–12 J.) 16 $

Die weitgehend unberührten, mit Mangroven bedeckten Inselchen der »Ten Thousand Islands« (▶ S. 53) im Everglades Nationalpark sind ein bedeutendes Biotop.

Das Waldorf Towers Hotel ist typisch für den Art-déco-Stil (▶ MERIAN TopTen. 68) in South Beach.

FLORIDA
ERKUNDEN

DER GROSSRAUM MIAMI

*Miami, die Metropole Floridas, ist dynamisch, schillernd und im
stetigen Wandel begriffen. 100 Jahre nach ihrer Gründung
wird die Stadt nun langsam erwachsen – als kulturelles Zentrum,
Wirtschaftsstandort und inoffizielle Hauptstadt der Hispanics.*

Art-déco-Bauten von einzigartiger Eleganz, braungebrannte Strandschönheiten mit 1980er-Jahre-Frisuren und schlecht gekleidete Zivilfahn-
der, die sich in einem ständigen Kampf mit der Drogenmafia befinden.
Das sind die berühmten Klischees, die unsere kollektive Wahrnehmung
von Miami abgespeichert hat.

Schon seit geraumer Zeit ist Floridas Metropole aber doch viel mehr.
Zwar haftete der Stadt bis weit in die 1990er-Jahre tatsächlich eine gewisse
Verruchtheit an, es war aber bereits jede Menge von der **Dynamik** zu
spüren, die Miami zu einem vor Kraft strotzenden und rasant wachsenden Großraum hat werden lassen.

Die Rastlosigkeit dieser Stadt ist heute vielleicht offensichtlicher als je zuvor. Im Finanzdistrikt Brickell, der sich südlich an Downtown anschließt,
schießen die Wolkenkratzer aus dem Boden, als hätte es nie eine Finanz-

◄ Unübersehbar prägen Wolkenkratzer die Skyline von Downtown Miami (► S. 58).

Die Nordost-küste

Der Nordwesten

Orlando

Die Golfküste

Der Großraum Miami

Die Südspitze

krise gegeben. Nur ein paar Meilen weiter ist aus der ehemaligen, verruchten »No-go-Area« Wynwood ein hippes Viertel entstanden, das es so weder in Miami, noch in Florida noch nicht gegeben hat: Während die Street Art an den Gemäuern von einer rauen Vergangenheit zeugt, sind in die leerstehenden Lagerhallen des Wynwood Art District mehr als 70 Galerien, Museen und Sammlungen eingezogen. Ein Aufschwung, der durch die Kunstmesse **Art Basel Miami Beach** initiiert wurde und der längst auch Restaurants, Clubs und Bars angezogen hat. Wynwood bildet gemeinsam mit dem nördlich gelegenen Design District eine Einheit, die neuerdings als Midtown zusammengefasst wird.

URLAUB IM REICH DER SUPERREICHEN

Ach ja, auch **South Beach** begnügt sich nicht mit Selbstverliebtheit: Die Art-déco-Gebäude, die bisher ohne makelloses Antlitz auskommen mussten, werden mit viel Aufwand (und Liebe) renoviert. Die eigentliche Revolution aber findet doch andernorts statt: Die Restaurants von South Beach werden immer besser, viel besser. Da könnten Sonne, Strand und Meer glatt zur Nebensache werden.

Auch wenn die Strahlkraft Miamis unerreicht bleibt, so darf man keinesfalls den Großraum vergessen. Von Hollywood über **Fort Lauderdale** bis nach Boca Raton ist der Streifen zwischen Atlantik und Everglades fest in der Hand von Strandurlaubern und Wassersportlern. Ganz im Norden schließt sich Palm Beach an, einer der reichsten Orte der USA. Hier scheint jede (demokratische) Präsidentenfamilie und jeder einflussreiche Industrie-Clan vom Schlage der Rockefellers wenigstens ein Zehnmillionen-Dollar-Anwesen zu unterhalten. Während die Tycoons in der Öffentlichkeit gerne mit Wohltätigkeitsveranstaltungen glänzen, werden wegweisende Entscheidungen für das Land lieber im Verborgenen getroffen. Ganz nebenbei erwähnen die Bewohner von **Palm Beach** auch gerne, dass sie sich gar nicht so recht zum Großraum Miami zugehörig fühlen. Die Bahamas sind schließlich näher.

MIAMI

Stadtplan ▶ Klappe vorne
420 000 Einwohner (Großraum 6 Mio.)

Die Innenstadt von Miami war noch bis in dieses Jahrtausend hinein ein Problemfall: Unattraktiv, unbelebt, unsicher. Das hat sich maßgeblich geändert, auch wenn ein Stadtbummel im eigentlichen Sinne immer noch nicht sonderlich ergiebig ist.

Nördlich des Miami River lautet das neue Zauberwort »Kultur«. Der Museumspark in der Innenstadt, mit dem sowohl inhaltlich als auch architektonisch spektakulären Pérez Art Museum, erhält in Kürze Gesellschaft vom gigantischen Neubau des Museum of Science, das von einem rund elf Hektar großen Park umgeben sein wird.

Südlich des nur 9 km langen Flusses hat die Schaffung attraktiven Wohnraums Miami ungewohnt urbane Akzente verliehen. Dieser Teil von Downtown heißt »Brickell«. Es ist das Finanzzentrum des Südens, wo ein Großteil der Geschäfte zwischen Nord- und Südamerika abgewickelt werden. Die Wolkenkratzer schießen hier wie Pilze aus dem Boden. Nicht nur Büros, sondern eben auch Wohnungen. So zahlreich, dass es nur eine Frage der Zeit sein konnte, ehe der Kosename »Manhattan des Südens« zur Anwendung kam. Bis 2019 entsteht an der South Miami Avenue das Brickell City Center, ein enormer Komplex mit einer Mischnutzung. Kosten: über 1 Mrd. $.

SEHENSWERTES

 **Little Havana**

Nur 2 km westlich der Wolkenkratzer von Brickell sind die Bauten flach. Little Havana ist keine verfallene Schönheit wie die kubanische Mutterstadt. Nein, die Heimat der Exilkubaner ist eher schmucklos und sachlich. Nur zwischen der 12. und 17. Straße, der Calle Ocho (die offiziell als Southwest 8th Street geführt wird), wechseln die Fanale der Lebensfreude rasant: alte Männer mit Zigarrenstumpen im Mundwinkel, Fruterias, die gepressten Zuckerrohrsaft ausschenken, auf lateinamerikanische Kunst spezialisierte Galerien, Restaurants mit Gerichten aus der Heimat usw. Das bürgt für eine hohe Dichte an Fotomotiven – auch wenn inzwischen immer mehr von Kreuzfahrtschiffen »ausgespuckte« Tagesausflügler durchs Bild laufen. Ohne einen Besuch in Little Havana bleibt das Bild von Miami unvollständig, denn die kubanische Exklave gehört ebenso zum Selbstverständnis der Metropole, wie die ungleich glamourösen Strände von Miami Beach.

Wollen Sie's wagen?

Betreten Sie in eines der vielen Zigarrenfachgeschäfte, z. B. Top Cigars (Little Havana, 1551 Calle Ocho und Southwest 8th Street). Bestellen Sie einen Kaffee oder einen »Cuba Libre« und lassen Sie sich beraten, welche Rauchware zu Ihnen passt. Machen Sie es anschließend wie die Exilkubaner: Nehmen Sie Platz in einem Clubsessel, lesen Sie, oder lauschen Sie den Kubanern wie sie Geschäfte machen. Die Gespräche sind meist auf rund eine Stunde begrenzt – so lange dauert in der Regel der Konsum einer anständigen Zigarre.

Der Besitzer der bekannten Cigar Factory in Little Havana (▶ MERIAN TopTen, S. 64) sitzt gerne vor seinem Laden und genießt das Gespräch über sein Lieblingsthema: Zigarren.

❶ Wynwood Walls

Die fensterlosen Warenhäuser von Wynwood sind eine ideale Projektionsfläche für jede Form von Street Art. Mit dieser Idee hat Tony Goldman die Initialzündung für die Neuerfindung des einst stark puertoricanisch geprägten Viertels gegeben. Auf den parkähnlich arrangierten Wynwood Walls haben sich mittlerweile über 50 Künstler aus 16 Nationen verewigt, darunter auch Genregrößen wie der Franzose Invader und Kenny Scharf.
2516 Northwest 2nd Ave., zwischen Northwest 25th und 26th Street

MUSEEN UND GALERIEN
MUSEEN

❷ Pérez Art Museum (PAMM) ⚑

Das PAMM ist ein Museum von internationalem Format. Die Wechselausstellungen zeigen unter Einbeziehung der hauseigenen Sammlung kühne Gegenwartskunst auf höchstem Niveau. Entworfen wurde das PAMM von den Schweizer Architekten Herzog & de Meuron. Zur Ornamentik der Fassade gehören auch die mit tropischen Pflanzen bewachsenen Betonsäulen. Es ist der erste vollendete Bau im neuen Museumspark am Strand in Downtown.

Das neue Museum of Science soll im nächsten Jahr (2016) eröffnet werden.
1103 Biscayne Blvd. | www.pamm.org | Mo–Mi 10–18, Do 10–21, Fr–So 10–18 Uhr | Eintritt 16 $, erm. 12 $

GALERIEN

3 Diana Lowenstein Gallery
Die Galeristin hat ihre Karriere 1989 in Argentinien mit lateinamerikanischen Künstlern begonnen. 2000 ist sie nach Miami übergesiedelt. In Wynwood vertritt sie nun auch einige deutsche Künstler wie z. B. den Fotografen Ralf Peters.
2043 North Miami Ave. | www.diana lowensteingallery.com | Di–Fr 10–17, Sa 10–15 Uhr

4 Futurama
12 Künstler haben sich 2011 im Futurama zusammengefunden und präsentieren seitdem zeitgenössische Kunst in monatlich wechselnden Ausstellungen und zusätzlichen Veranstaltungen.
1673 Calle Ocho | Tel. 30 54 07 16 77 | www.futurama1637.com | Mo–Fr 10–19 Uhr

5 Harold Golen Gallery
Pop Art mit einem surrealistischen Touch. Auf dieses Sub-Genre hat sich

Harold Golen spezialisiert. Er zeigt aber auch thematische Shows – z. B. über »Glam Rocker« aus den 70er-Jahren des vergangenen Jahrhunderts.
2294 Northwest 2nd Ave. | Tel. 30 59 89 35 59 | www.haroldgolengallery.com | Sa 13–17 und beim »Gallery Walk« an jedem zweiten Samstag des Monats von 18–22 Uhr

6 Latin Art Core
Die Galerie ist spezialisiert auf kubanische und lateinamerikanische Kunst. Sie zeigt Werke bedeutender zeitgenössischer Künstler.
1646 Calle Ocho | Tel. 30 59 89 90 85 | www.latinartcore.com | Mo–Fr 11–19, Sa 11–17 Uhr

7 The Peter Tunney Experience
Egal, ob beklebte Surfbretter oder zum Gemälde mutierte Parolen: Art-Basel-Miami-Teilnehmer Peter Tunney erfreut in seinen Ausstellungsräumen mit plakativer und dekorativer Pop Art.
220 Northwest 26th Street (im Graffiti-Park) | www.ptexperiment.com | wechselnde Öffnungszeiten

ESSEN UND TRINKEN

RESTAURANTS

8 Michael's Genuine
International – Mitten im ultrahippen Design-District gehört das 2007 eröffnete Restaurant zu den alteingesessenen Pionieren. Die Küche lässt sich nicht auf eine spezifische Inspirationsquelle reduzieren: Von Austern bis zu »Langsam gerösteter Schweineschulter« ist alles vorhanden.
130 Northeast 40th Street | Tel. 30 55 73 55 50 | www.michaelsgenuine.com | Mo–Sa 17.30–23, So 17.30–22 Uhr | €€–€€€

Galerienbummel
Noch vor wenigen Jahren »No-go-Area« ist Wynwood, nördlich von Downtown gelegen, heute Hochburg der Street-Art-Gemeinde. In den alten Lagerhallen sind mehr als 70 Galerien untergebracht, und auch die Gastronomie lässt sich diesen Boom nicht entgehen (▶ S. 17).

9 **Wynwood Kitchen & Bar** ▸ S. 29

CAFÉS

10 **Panther Coffee**

In diesem unprätentiösen Café, mitten auf Wynwoods Kunstmeile, werden die Kaffeebohnen noch selbst gebrannt. Kulturbeflissene Zeitgenossen und digitale Nomaden wissen das zu goutieren und fläzen sich gekonnt auf den draußen stehenden Sitzmöbeln.
2390 Northwest 2nd Ave. | Tel. 30 56 77 39 52 | www.panthercoffee.com | Mo–Sa 7–21, So 8–21 Uhr

11 **Sweat Records**

Hier befindet sich Miamis bislang einziges komplett veganes Café. Außerdem ist das Sweat Records die erste Adresse für die wieder wachsende Zahl der Vinyl-Fetischisten. Wie es sich für eine Klientel von Kennern gehört, werden fast ausschließlich Platten von Künstlern verkauft, die sich fernab des Mainstreams befinden. Im Ladenlokal treten manchmal Bands auf.
5505 Northeast Second Ave. | www.sweatrecordsmiami.com | Mo–Sa 10–22, So 10–17 Uhr

BARS

12 **Churchill's Pub**

Diese legendäre Bar und Livebühne wird nicht in den Verdacht geraten, zu den Gentrifizierern von Little Haiti zu gehören: Churchill's Pub existiert bereits seit 1979 und gilt als Miamis Antwort auf das CBGB in New York, die Keimzelle des Punks. Livemusik gibt es an fast jedem Abend.
5501 Northeast 2nd Ave. | Tel. 30 57 57 18 07 | www.churchillspub.com

Wer im Park des Pérez Kunstmuseums (PAMM, ▸ S. 59) den rechten Standort findet, kann moderne Kunst, Natur und Architektur in einem Bild vereinen.

⑬ Wood Tavern

Angesagt, preiswert und entspannt – Hier kommen jene jungen Menschen aus Miami hin, die das prätentiöse Ausgehleben in South Beach mit Geringschätzung abtun. Das Ambiente ist kunstvoll abgerockt und fügt sich somit ohne Brüche in den Stil von Wynwood ein, wo Street Art und Galerien zuhause sind. Damit die Ungezwungenheit erhalten bleibt, kann man nicht reservieren. In einer tropischen Nacht gibt es kaum eine bessere Adresse, um mit den »Locals« abzuhängen.

2531 Northwest 2nd Ave. | Tel. 30 57 48 28 28 | www.woodtavernmiami.com | Di–Sa 17–3, So 15–21 Uhr

EINKAUFEN

EINKAUFSZENTREN

⑭ Bayside Market Place

Die Geschäfte in der Innenstadt sind auf Billigwaren und Schmuck spezialisiert. Eine Ausnahme bildet die Filiale des Kaufhauses Macy's. Eine Alternative direkt am Wasser ist die Bayside Marketplace, deren bloße Existenz einst als Zeichen für den Aufschwung von Downtown gewertet wurde. Bei näherem Hinsehen aber ist das stets von Latinoklängen beschallte Freilufteinkaufszentrum ziemlich altmodisch.

401 Biscayne Blvd. | www.baysidemarket place.com | Mo–Do 10–22, Fr, Sa 10–23, So 11–21 Uhr

MODE

⑮ Design District

Was seit 2014 im Design District passiert ist, darf auch erfahrene Weltenbummler erstaunen: In einem bis vor Kurzem ziemlich heruntergekommenen Viertel nördlich von Downtown haben sich zunächst Künstler, Designer und ein paar Akademien niedergelassen. Ihnen sind binnen kürzester Zeit die Luxus-Boutiquen wie Bulgari, Rolex, Dior und Konsorten mit ihren Vorzeigeläden gefolgt. Der Design District ist Miamis neuester Hot-Spot für Luxustextilien, wo auch Models mit ihrem Gefolge patrouillieren.

Design District, zwischen North Miami und Northeast 2nd Ave. bzw. Northeast 38nd und 41st Street

⑯ Pepe & Berta

In dem Kleiderladen gibt es original Guayaberas, die berühmten leicht faltigen Leinenhemden mit vier aufgesetzten Taschen. In Kuba wurde das Hemd 2010 zum offiziellen Bekleidungsstück für staatliche und diplomatische Anlässe erklärt. Gut zu wissen: Es wird nicht in die Hose gesteckt.

1421 Calle Ocho | Tel. 30 52 66 10 07 | www.pepeandberta.com | Mo–Fr 10–18.30, Sa 9–19 Uhr

KULTUR UND UNTERHALTUNG

⑰ Adrienne Arsht Center for the Performing Arts

Die Heimatspielstätte der Florida Grand Opera und des Miami City Ballet wurde vom argentinischen Architekten Cesar Pelli entworfen. Der postmoderne Bau war im Jahre 2006 die erste bedeutende Kultureinrichtung in Downtown. Das 500 Mio. $ teure Gebäude beherbergt zwei große Säle mit Kapazitäten von 2400 und 2200 Zuschauern sowie ein Studio. Hochkarätige Gastspiele ergänzen den Spielplan.

1300 Biscayne Blvd. | www.arshtcenter. org | Tickets online oder Di–Fr 10–21, Sa 9–16, So 11–19 Uhr

Das riesige Mural im Kulturzentrum von Little Haiti (▶ S. 63) gibt einen farbenfrohen Einblick in die afro-karibische Kultur und Lebensart der Menschen.

⑱ American Airlines Arena

Die Multifunktionshalle ist auch Heimat der Miami Heat. Das erfolgreiche US-amerikanische Basketballteam war 2012 und 2013 NBA-Champion.

601 Biscayne Blvd. | www.aaarena.com | Tickets vor Ort Mo–Fr 10–17 Uhr | ab 40 $

⑲ Little Haiti Cultural Center

Klein-Haiti besitzt keine Sehenswürdigkeiten im eigentlichen Sinne. Vielmehr ist es ein ärmliches Stadtviertel, wo die größte Gemeinschaft von Haitianern außerhalb ihres Heimatlandes lebt. Kenner behaupten, dass die Haitianer gegenüber den Kubanern systematisch benachteiligt werden, da ihre Übersiedlung nicht den Vorteil birgt, den verhassten Kommunismus zu schwächen. Gleichwohl bietet das Kulturzentrum von Little Haiti die Möglichkeit, die afro-karibische Kultur und die Lebensart der Menschen kennenzulernen.

🕐 An jedem dritten Freitag des Monats steigt eine Party namens »Big Nite« in Little Haiti mit karibischer Musik, Essen und Bier (18–22 Uhr).

212–260 Northeast 59th Terrace | www.littlehaiticulturalcenter.com | Di–Fr 10–21, Sa 9–16, So 11–19 Uhr

⑳ Tower Theatre

Das Kino im Art-déco-Stil wurde 1926 eröffnet und ist eine der ältesten Spielstätten der Stadt. Es war viele Jahr geschlossen. Heute kann sich das Publikum über ein alternatives und anspruchsvolles Programm freuen.

1508 Calle Ocho | Tel. 30 52 37 24 63 | www.towertheatermiami.com | Ticket 10 $, Senioren und Studenten 8 $

Im Fokus
Little Havana ⭐
und die kubanische Kunst

Roberto Ramos ist vor den Kommunisten nach Florida geflohen.
Bei diesem Abenteuer stand einiges auf dem Spiel, doch mit
viel Glück konnte der heute 49-Jährige dem Schicksal ein Schnippchen
schlagen. Mittlerweile ist er in Little Havna sehr erfolgreich.

Der Gang zu seiner Mutter war das schwierigste an dem ganzen Plan. Doch Roberto Ramos wusste, dass er daran nicht vorbeikommen würde. Er war entschlossen, sein zu Leben zu ändern. Also beichtete er ihr an einem Tag im Jahr 1992: »Ich habe schlechte und sehr schlechte Nachrichten für Dich. Ich werde mit dem Boot nach Amerika fliehen. Und ich nehme zwei meiner Brüder mit.«

Noch am selben Tag sind die drei Ramos-Brüder an der kubanischen Nordküste in See gestochen. Auf einem Holzboot aus dem Jahr 1956, dem die Mutter die Hochseetauglichkeit abgesprochen hatte. Nach drei Tagen hatten sie ihr Ziel, die Küste Floridas, noch immer nicht erreicht. Es sah nicht gut aus: »Wir hatten kein Trinkwasser und kein Essen mehr«, erinnert sich Ramos. »Und als wir dann noch in schwere See geraten sind, war auch der Sprit bald alle.«

◀ Die bunte Mosaikmauer umschließt den
Little Havana Domino Park in der Calle 8.

Innerlich hatte Ramos zu diesem Zeitpunkt bereits mit seinem Leben abgeschlossen. Bei dem Versuch, den verhassten Kommunisten endlich zu entkommen, hatte er alles gewagt – und schon fast alles verloren. Dann aber kam die US-Küstenwache. Draußen, auf hoher See. Ein kleines Wunder. Ramos und seine Brüder waren erleichtert. Von den Grenzbeamten wurden sie über etwas aufgeklärt, das sie vorher nicht kannten: Rechte. Wenn er davon erzählt, bekommt Roberto Ramos auch 23 Jahre danach noch immer feuchte Augen.

Allerdings hatte er nun ein ganz anderes Problem. Zwar wollte die Coast Guard die drei Brüder aus Havanna an Bord ihres viel größeren Schiffes holen, das altersschwache Boot aus Kuba aber mussten sie versenken. So lautete die Vorschrift. Doch das kam für Ramos nicht in Frage. Er hatte wertvolle Fracht an Bord: Kunst. Eine Gemäldesammlung, um genau zu sein. Ramos flehte die Amerikaner an, die zunächst ihren Ohren nicht trauten. Es handele sich um einzigartige Schätze, sagte er. Werke aus der Zeit vor der Machtübernahme Fidel Castros, aus einer Epoche, von der auf der Karibikinsel ohnehin nicht mehr viel übrig sei. Die gemeinhin eher humorlosen US-Beamten ließen sich trotz des Sturms erweichen und nahmen Funkkontakt zu ihrem Vorgesetzten auf. Zur Überraschung aller genehmigte dieser eine Ausnahme. Das Boot wurde nach Miami geschleppt und die Kunst war gerettet.

GALERIE IN DER CALLE OCHO

Heute umfasst die Sammlung Ramos rund 300 Bilder von knapp 40 Künstlern, die alle dasselbe Schicksal teilen: Sie sind bei den Kommunisten in Ungnade gefallen. Im Gegenzug wurden sie aus der kubanischen Geschichte gestrichen. Ausgestellt sind ihre Werke nun im Cubaocho, einem liebenswerten Kulturzentrum mit Bar, Salon, Bühne und Galerie, das zugleich so etwas wie der gesellschaftliche Mittelpunkt von Little Havana ist. Schräg gegenüber befindet sich »Domino Plaza«, der so oft abgelichtete Platz, auf dem zigarrenrauchende Greise Brettspiele jeder Art zelebrieren. Vorzugsweise eine Variation des Domino, bei dem die Steine neun anstelle von sechs Augen haben.

Zwischendrin breitet sich die Calle Ocho aus, die inoffizielle Hauptstraße der kubanischen Exklave. Noch brettern hier Autos mit über 50 km je Stunde hindurch, doch werden die Stimmen lauter, dass die Geschwindigkeit deutlich reduziert, oder noch besser, die Straße komplett gesperrt werden muss. Schließlich ist zwischen der 11. und 18. Avenue etwas Einzigartiges entstanden: Der Little Havana Art District mit Galerien, Restaurants, Bars und Geschäften.

Roberto Ramos ist heute Präsident des Cubaocho, das er selbst ins Leben gerufen hat. Aus dem mittellosen jungen Mann ohne Perspektive ist ein arrivierter Kunstkenner und erfolgreicher Geschäftsmann geworden. Das überrascht niemanden mehr als ihn selbst, denn mit beidem hatte er ursprünglich nicht viel am Hut. Doch nach der Geschichte, die sich um sein erstes eigenes Gemälde entwickelt hat, gab es für ihn kein Zurück mehr.

KUBANISCHE KUNST STATT GELD

1982 hatte Ramos einem älteren Mann beim Umzug geholfen. Dieser hatte kein Geld, womit er ihn für seine Arbeit hätte entlohnen können. Dafür aber hat er ihm ein Kunstwerk vermacht, das er als sehr wertvoll angepriesen hat: »Der Saxophonspieler« von einem gewissen Carlos Sobrino. Der damals 17-Jährige wollte natürlich prüfen, was es damit auf sich hatte. Doch in den Museen des Landes fand er keine Werke von einem Maler namens Sobrino. Erst nach aufwendiger Recherche in der Nationalbibliothek löste sich das Rätsel. Es hatte diesen Künstler wirklich gegeben. Ja, noch 1959, als Fidel Castro die Macht übernommen hatte, war er mit dem nationalen Kunstpreis ausgezeichnet worden. Dann aber flüchtete er vor den Kommunisten und geht ins Exil.

»In der Folge ist Sobrino auf Kuba zur Persona non grata erklärt worden«, so erzählt es Ramos. Das bedeutete gemäß der üblichen Praxis der neuen Machthaber, dass alle seine Spuren verwischt und seine Existenz geleugnet wurde. Wie der neugierige Gemäldebesitzer zu seiner Erschütterung feststellen musste, war Sobrino alles andere als ein Einzelfall. Viel mehr wurden alle Nichtkommunisten und somit ein erheblicher Teil des kulturellen Erbes einfach ausradiert.

EINE SAMMLUNG GEHT UM DIE WELT

Spätestens jetzt stand für Ramos fest, dass er sein Leben nicht in diesem Land verbringen wollte. Gleichzeitig verstand er es als seine Pflicht, so viele Kunstwerke wie möglich vor dem Zugriff der Kommunisten zu retten. Also begann er damit, die vielleicht größte Sammlung kubanischer Kunst aus den Jahren von 1850 bis 1950 aufzubauen. Der Rest ist Geschichte.

Wenn die Bilder heute nicht im Cubaocho hängen, sind sie wieder einmal auf großer Tournee. Die Sammlung Ramos war nämlich bereits in diversen Museen innerhalb der USA sowie in Oviedo in Spanien und in Paris zu sehen. Auch ist sie in einem dicken Buch katalogisiert. Damit aber mag er sich längst nicht begnügen, denn Ramos ist auch ein Träumer: »Ich möchte die Bilder dahin zurückbringen, wo sie hingehören. Nach Kuba. Wenigstens einmal.«

Ob ihm das jemals gelingen wird, wagt er jedoch zu bezweifeln. Denn wie so viele seiner Landsleute in Little Havana hat er die alte Heimat mehr oder weniger aufgegeben. Zurückkehren möchte er auf keinen Fall. »Castro und Konsorten haben Kuba auf absehbare Zeit zerstört«, führt er zur Begründung an. Und selbst wenn eines Tages ein Demokratisierungsprozess einsetzen sollte, werde der Inselstaat ihm auf absehbare Zeit nicht die Freiheiten Little Havanas bieten.

Romantische Gefühle für Kuba hegt Roberto Ramos also nicht. Damit ist er kein Einzelfall, auch wenn Little Havana alles andere als das Idealbild des »American Dreams« ist. Der südwestlich von Downtown mit Blick auf das boomenden Finanzviertel Brickell gelegene Stadtteil hat etwas mehr als 50 000 Einwohner. Das durchschnittliche Haushaltseinkommen erreicht mit geschätzten 25 000 $ nur die Hälfte des Durchschnitts in Florida. Entsprechend unglamourös sieht es abseits der zentralen Blocks der Calle Ocho aus: Flachbauten und Brachflächen wechseln sich ab. Nur wenig erinnert an den Zauber Havannas – sei dieser auch noch so verklärt.

NICHTS IST SO VIEL WERT WIE DIE FREIHEIT

Den meisten Kubanern, sagt Ramos, gehe es gar nicht um materielle Dinge. Sie wollen das, was auch ihn selbst so glücklich gemacht hat: »Die Freiheit«. Gleichzeitig aber kommt auch er nicht um die Erkenntnis herum, dass eine jüngere Generation erstaunlichen Geschäftssinn entwickelt hat. Sie stellen Zigarren oder Rum her, sie verdingen sich als Gastronomen oder auch als Galeristen. »Vielleicht«, sagt Ramos dann, »kann Little Havana ja irgendwann einmal so etwas werden wie eine Schaltstelle zwischen beiden Welten.«

So wie Miami immer mehr zum Bindeglied zwischen Nord- und Südamerika wird – fast alle Geschäfte zwischen beiden Kontinenten werden hier getätigt. »Unabhängig von diesen Überlegungen«, so Ramos, »fühlen sich die Exilkubaner nämlich schon jetzt, als würden sie in einer Art Underground-Hauptstadt Kubas leben.«

Seine Mutter übrigens muss der Mann, der noch immer viel lieber Spanisch als Englisch spricht, nicht mehr missen. Sie durfte zu ihren Söhnen ausreisen. Ein Happy End mit Seltenheitswert.

SERVICE

AUSKUNFT

Greater Miami Convention & Visitor Bureau

701 Brickel Ave., Suite 2700 | www.miamiandbeaches.de

VERKEHR

Parkuhren in Miami

Die Bedienung der Parkuhren ist keine Geheimwissenschaft. Autofahrer benötigen jedoch Bargeld oder eine Kreditkarte. Man erhält kein Ticket, sondern man muss an der Parkuhr das Nummernschild des Fahrzeugs eingeben. Bei Mietwagen ist die Kombination aus Zahlen und Buchstaben meist auf dem Schlüsselanhänger vermerkt.

Der Tagessatz beträgt 20 $. Parkhäuser sind meist geringfügig preiswerter.

ÖPNV Miami

Miami ist die einzige Großstadt Floridas, die auch mit Bus und Bahn erkundet werden kann. Shuttle-Busse verkehren auf der Washington Avenue in South Beach. Sie kosten 25 Cent pro Fahrt. Die beiden fahrerlosen Monorails sind kostenlos und verkehren zwischen dem Finanzdistrikt Brickell und dem Adrienne Arsht Center. Die Metrorail verbindet die Stadtteile Palmetto und Dadeland und fährt zum Internationalen Flughafen. Wer sie benutzen will, braucht jedoch eine Kundenkarte. www.miamidade.gov/transit/

MIAMI BEACH

Stadtplan ▸ S. 69

90 000 Einwohner

Eine subtropische Insel, die mit feinem Sandstrand gesegnet ist. Eine dicht besiedelte Stadt, die 2015 erst den 100. Jahrestag ihres Bestehens feiern konnte und die trotzdem mit der weltweit höchsten Dichte an Art-déco-Gebäuden glänzt. Eine Bühne für Selbstdarsteller, ein Magnet für »Foodies«, ein Mode-Hotspot und neuerdings eines, oder vielleicht sogar DAS Epizentrum der Kunstwelt. Im südlichen Teil liegt South Beach Miami und kann sich vor Superlativen und anderen Attributen gar nicht retten. Besonders intensiv wirkt das Art-déco-Zentrum im Hochsommer. Wer antizyklisch reist, muss aber tagsüber eine nur schwer zu akzeptierende Hitze aushalten. Dafür sind die Hotels preiswert – und die tropischen Nächte lang. Im Winter sind die Temperaturen mit 20–25 °C angenehm. Dann ist South Beach am aktivsten und vollsten. Kaum ein Zimmer in den attraktiven Design-Hotels geht dann für weniger als 280 $ weg.

SEHENSWERTES

⭐ Art-déco-Bauten

Egal, ob am Ocean Drive, in der Collins Avenue oder in der Washington Avenue, zwischen der 5th und 15th Straße steht eine Art-déco-Ikone neben der anderen. Das Cardozo Hotel ist allerdings eine gesonderte Würdigung wert. Der Sinn für Symmetrie, die Betonung der fließenden Formen und das strahlend weiße Gewand sind eine meisterliche Vollendung der örtlichen Art-déco-Interpretation. Zurecht hat die Miami Design Preservation League dieses Bauwerk als erstes vor dem Abriss gerettet. Für Freunde von Promi-Geflüster: Heute gehört das Haus Gloria und Emilio Estefan.

1300 Ocean Dr. | Tel. 30 55 35 65 00 | www.cardozohotel.com

MUSEEN UND GALERIEN

① The Wolfsonian

Wie wirkt Design auf den Menschen? Mit dieser Frage könnte man sich an kaum einem Ort sinnvoller beschäftigen als in Miami Beach. Die Florida International University (FIU) gibt in diesem Museum und Forschungszentrum anschauliche Antworten.
1001 Washington Ave. | Tel. 30 55 31 10 01 | www.wolfsonian.org | Mo, Di 10–18, Do, Fr 10–21, Sa 10–18, So 12–18 Uhr | Eintritt 7 $, Kinder (6–12 J.), Senioren und Studenten 5 $

ÜBERNACHTEN

② Gale South Beach ▸ S. 23
③ Grand Beach Hotel ▸ S. 24

④ Greenview Hotel

Preiswert und elegant – Ein hübsch designtes Boutique-Hotel, das andernorts ein Blickfang wäre, aber in Miamis üppigem Angebot ein wenig untergeht. Lincoln Road, Strand und New World Symphony sind zu Fuß erreichbar.
1671 Washington Ave. | Tel. 30 55 31 65 88 | www.greenviewhotel.com | 45 Zimmer | €€

5 The Clay Hotel

Historisches Haus – Vor dem Hause an der lebendigen Española Way wurden einige Szenen aus Miami Vice gedreht. In dem traditionsreichen, aber nicht überkandidelten Haus hat Al Capone genächtigt. Wer mittendrin sein möchte und kein Art-déco-Design braucht, dürfte sich hier wohlfühlen.
1438 Washington Ave. | Tel. 30 55 34 29 88 | www.clayhotel.com | 132 Zimmer | €€

6 The Standard

Design und Luxus – So hip, dass es schon fast wehtut: Luxuriös und durchgestylt, liegt das Spa-Hotel auf einer Insel (Belle Island), ohne deswegen weiter als einen Kilometer von der Lincoln Road entfernt zu sein. Unverschämt cooler Infinity Pool.
40 Island Ave. | Tel. 30 56 73 17 17 | www.standardhotels.com | 105 Zimmer | €€€€

ESSEN UND TRINKEN
RESTAURANTS

7 Bolivar Restaurant

Hohes Niveau – Hier wird südamerikanische Küche auf hohem Niveau serviert. Auch die Weinauswahl ist bemerkenswert. Reservierung empfohlen.
841 Washington Ave. | Tel. 30 53 05 08 01 | www.bolivarmiamibeach.com | €€

8 Larios on the Beach

Vielfalt – Neben traditionellen Gerichten setzt man hier auch auf kubanische Spezialitäten und glutenfreie Angebote.
820 Ocean Dr. | Tel. 30 55 32 95 77 | www.bongoscubancafe.com/larios.html | €€

9 Manolo

Breites Angebot – Das Manolo ist eigentlich eine argentinische Bäckerei mit köstlichen Teilchen. Aber hier gibt es auch Pizza, Pasta, Salate, Fleischgerichte, Sandwiches und Burger.
685 Washington Ave. | Tel. 30 56 74 74 44 | www.manolomenu.com | tgl. 8–24 Uhr | €

10 My Ceviche

Scharf und preiswert – Sympathische Imbissbude, die auf frisches wie feuriges südamerikanisches Essen spezialisiert ist. Das Ceviche schmeckt genauso vorzüglich wie die pikanten Salate. Zum Mitnehmen (Picknick am Strand!) oder zum Konsum auf dem Bürgersteig.
235 Washington Ave. | Tel. 30 53 97 87 10 | So–Do 11.30–22, Fr, Sa 11.30–23 Uhr | €

11 Oolite Restaurant & Bar ▸ S. 28

12 Sushi Samba

Südamerikanische Note – Durchgestylte Zweigstelle des hippen Mutter-Restaurants in New York. Die Küche bezieht ihre Inspiration nicht nur aus Japan, sondern auch aus Peru und Brasilien. Die Sashimi etwa kommen hier mit Apfel und Koriander oder gleich als Ceviche auf den Tisch. So frisch die Kreationen aus der Küche sind, so ausgefallen sind die »Kreaturen«, die hier essen gehen.
600 Lincoln Road | Tel. 30 56 73 53 37 | www.sushisamba.com | €€–€€€

13 The Tides

Südlicher Twist – Das Hotel-Restaurant liegt mitten im Art-déco-Viertel. Die Atmosphäre ist ungezwungen.

Auf einer inneren und einer äußeren Schleife bringt der Miami-Dade Metromover (▶ S. 68) seine Fahrgäste kostenlos und stets staufrei durch Miamis Innenstadt.

1220 Ocean Dr. | Tel. 30 56 04 50 70 | www.tidessouthbeach.com | tgl. 11.30–23 Uhr | €€–€€€

BARS

14 Clevelander

Pool, Palmen, pinkfarbenes Neonlicht: Unterhaltung non-stop. Den Clevelander hat wohl jeder Reisende als idealtypische Bar vor Augen, bevor er zum ersten Mal nach Miami kommt. Ohne hier einmal in den gängigen Social-Media-Kanälen einzuchecken, wäre ein Florida-Trip nicht komplett.

1020 Ocean Dr. | Tel. 30 55 32 40 06 | www.clevelander.com | tgl. 11–5 Uhr

15 FDR

Das Hotel Delano in South Beach hat in den 1990er-Jahren neue Maßstäbe gesetzt. Die kleine Bar im Keller hat eine unvergleichliche Atmosphäre. Es sieht aus, als könnte Frank Sinatra jeden Moment vorbeikommen. Das Ambiente wird auch von Einheimischen geschätzt.

1685 Collins Ave. | Tel. 30 56 72 20 00 | www.morganshotelgroup.com | Mo, Fr, Sa 23–5 Uhr

EINKAUFEN

BÜCHER

16 Books and Books ▶ S. 35

17 Taschen

Der Kölner Verleger Benedikt Taschen steht für die Serienproduktion spektakulärer Kunstbände der Gegenwart. Der Flagship Store des Verlags liegt im Erdgeschoss eines Parkhauses, das die renommierten Schweizer Architekten Herzog & de Meuron geplant haben. Der Bau bildet ein würdiges Ambiente.

1111 Lincoln Road | www.taschen.com | Mo–Do 11–21, Fr, Sa 11–22, So 12–21 Uhr

EINKAUFSSTRASSEN
18 Lincoln Road Mall ▸ S. 36

ELEKTRONIK
19 Apple Store ▸ S. 36

SPORTKLEIDUNG
20 Original Penguin Store
Sportswear für Leute mit einem Faible für klassisch amerikanischen Retro-Schick. Stünde auch Don Draper (»Mad Men«) gut zu Gesicht. Vor allem die Polo-Hemden und die Windjacken des Labels sind mittlerweile unter Fans zu einer Art Klassiker geworden. Die Preispolitik des Hauses ist in der Regel kundenfreundlich, irgendetwas scheint immer im Angebot zu sein.
925 Lincoln Road | www.originalpen guin.com | tgl.11–22 Uhr

KULTUR UND UNTERHALTUNG
21 Colony Theatre
Das Colony wurde 1935 als Teil der Paramount-Kinos eröffnet. Nach einer aufwändigen Restaurierung strahlt das Haus heute in neuem Glanz. Vom Foyer bis zum Zuschauersaal steht das Interieur ganz im Zeichen von Art-déco. Das Programm reicht von Theater und Tanz bis zu Comedy und Film.
Lincoln Road | Tel. 30 56 74 10 40 | www.colonytheatremiamibeach.com | Ticket 10 $, Senioren und Studenten 8 $

22 New World Center
Die Heimat der New World Symphony wurde von keinem Geringeren als Frank O. Gehry entworfen. Der Guggenheim-Architekt allerdings hat bei dem Komplex sein Faible für skulpturale Bauwerke unterdrückt und sich ganz in den Dienst der Musik gestellt. Im Innern begeistert der Bau mit seiner Akustik. Über Projektionsflächen an den Wänden ermöglicht Gehry die Auflockerung der zuweilen recht statisch anmutenden Aufführung eines Orchesters – ein scheinbar unverzichtbar Kunstgriff, um ein jüngeres Publikum für klassische Musik zu gewinnen. Wer keine Tickets kaufen mag, kann sich kostenlose Übertragungen ausgesuchter Konzerte aus dem angrenzenden Park ansehen. Auch im Saal sind 15 Prozent der Vorstellungen gratis.
500 17th Street Miami Beach | www.newworldcenter.com | Tickets online oder Mo–Fr 10–17 Uhr vor Ort

Ziele in der Umgebung

◎ CORAL GABLES ◢ K 9
47 000 Einwohner
Der Ort wurde in den 1920er-Jahren südwestlich der Innenstadt von Miami am Reißbrett entworfen. Hier dominieren verschiedene Spielarten des »Mediterranean Revival Style«, der zum Aushängeschild für die gehobene Architektur Floridas geworden ist. Faszinierender Blickfang ist das majestätische Biltmore Hotel (▸ S. 51). Die Wohnviertel haben schon tropischen Charakter mit üppiger Vegetation.
11 km südl. von Downtown Miami | www.coralgables.com

SEHENSWERTES
Venetian Pool
Passend zum Gesamtbild von Coral Gables entbehrt das öffentliche Freibad nicht einer gewissen Extravaganz: Der venezianische Pool aus dem Jahre 1926

ist eine herrliche Badelandschaft mit Korallengrotte, Höhlen und Wasserfällen. Gespeist wird dies alles aus einer artesischen Quelle, deren Wasser garantiert frei von Chemikalien ist.

2701 De Soto Blvd. | Tel. 30 54 60 53 06 | www.coralgables.com | wechselnde Öffnungszeiten | Eintritt 12 $, Kinder (3–12 J.) 7 $

EINKAUFEN

Miracle Mile

Ein Teil der Coral Way trägt diesen Kosenamen, weil sich hier eine Einkaufsmeile mit wundersamen Geschäften befindet. Eingerahmt ist diese von Springbrunnen, Palmen und anderen Insignien des Mittelmeerraums.

220 Miracle Mile | Tel. 30 54 60 53 06 | www.shopcoralgables.com | tgl. 7–22 Uhr

◎ KEY BISCAYNE ⚑ K 9
12 000 Einwohner

Noch exklusiver als in Coral Gables wohnt man auf Key Biscayne, einer vorgelagerten Insel im Atlantik, die geologisch den Florida Keys zugerechnet wird. Hier leben die Millionäre dicht an dicht und am liebsten unter sich. Einheimische jedoch wissen, dass der Bill Baggs Cape Florida State Park öffentlich zugänglich ist – und sie lieben die herrlichen Strände.

14 km südwestl. von Downtown Miami | www.keybiscayne.fl.gov/mo

SEHENSWERTES

Bill Baggs Cape Florida State Park

Regelmäßig ein Kandidat für einen Platz unter den zehn schönsten Stränden in den USA, weiß der Park eine überwiegend aus Einheimischen beste-

hende Stammkundschaft für sich zu begeistern. Der historische Leuchtturm aus dem Jahr 1846 ist das älteste Gebäude im Großraum Miami. Zwei Restaurants bieten kubanische Gerichte.

1200 South Cranton Blvd. | 44 km südlich von Downtown Miami | www.floridastateparks.org | tgl. 8 Uhr bis Sonnenuntergang | Eintritt 8 € pro Fahrzeug

FORT LAUDERDALE ⚑ K 8
110 000 Einwohner

Als bezahlbare Alternative zu Miami hat Fort Lauderdale seine ersten Schritte zur Touristendestination gemacht. »Spring-Break-Partys« und andere Besäufnisse allerdings gehören der Vergangenheit an. Fort Lauderdale ist erwachsen geworden – und mittlerweile lässt es sich eine wohlhabende Klientel bei einer Jahresdurchschnittstemperatur von mehr als 24 °C zwischen den breiten Stränden und den weit verzweigten Kanalsystemen gut gehen. Bei letzterem handelt es sich um eine städtebauliche Notwendigkeit, wegen der die Stadt den Spitznamen »Venedig Nordamerikas« dulden muss. Vor allem Familien wissen den entspannten Lebensstil zu schätzen. Sie können aus einem enormen Angebot an Restaurants, Geschäften und Übernachtungsmöglichkeiten schöpfen. Die Stadt ist so populär geworden, dass ihre Vororte nur noch durch einen Highway von den Everglades getrennt werden.

www.fortlauderdale.gov

SEHENSWERTES

Riverwalk

In der Nähe des geschäftigen Las Olas Boulevard drängt sich der knapp 2 km lange Riverwalk zum Flanieren auf. Restaurants, Bars und Clubs säumen den Weg. Mit dem historischen Stranaham House (1901) als Musterbeispiel altfloridianischer Architektur und dem gut gemachten Museum of Discovery and Science befinden sich hier gleich zwei Attraktionen, die sich im Falle schlechten Wetters zum Zeitvertreib anbieten.

Downtown | www.goriverwalk.com

ÜBERNACHTEN

Pillars

Bed & Breakfast – Das übersichtliche Anwesen wird regelmäßig in die Spitzengruppe aller Übernachtungsmöglichkeiten Floridas gewählt. Der Blick von den Privatbalkonen auf die Wasserlandschaft gilt als unbezahlbar – was während der Hochsaison auch auf die Zimmer zutrifft.

111 North Birch Road | Tel. 95 44 67 96 39 | www.pillarshotel.com | 13 Zimmer | €€€€

ESSEN UND TRINKEN

RESTAURANTS

Casa d'Angelo

Lieblingsitaliener – Angelo nimmt die Verantwortung auf sich, authentische italienische Küche zu servieren. Dazu gehören toskanische Pasta, »rote« und »weiße« Pizza. Große Weinauswahl.

4215 North Federal Hwy. | Tel. 95 45 61 73 00 | www.dangelopizza.com | So–Do 11.30–22, Fr, Sa 11.30–23 Uhr | €€

Yolo

Schick und stilvoll – Der Name ist ein Akronym für »You only live once« – und um diese Vermutung nicht wie ein leeres Versprechen aussehen zu lassen, betreibt das bei Einheimischen beliebte

Lokal einigen Aufwand. Das Interieur wurde für 1 Mio. $ auf Vordermann gebracht. Auch die Speisekarte kann sich mit Gerichten wie Thunfisch in Koriander-Seegras-Kruste sehen lassen.

333 East Las Olas Blvd. | Tel. 95 45 23 10 00 | www.yolorestaurant.com | Mo–Do 11.30–23, Fr 11.30–24, Sa 12–24, So 10–22 Uhr | €€€

BARS

Laserwolf

Dies ist der Hotspot für Bierliebhaber. Hier fließen immer ein Dutzend Craft-Biere aus dem Zapfhahn, hinzu kommen zahlreiche in Flaschen abgefüllte Spezialitäten aus Florida, den USA und Europa. Hohe Hipster-Dichte.

901 Progresso Dr. | www.laserwolf.com | Mo–Sa 17–2 Uhr

Wreck Bar

Diese Bar ist ein Klassiker aus den 1950er-Jahren. Dem Besucher wird vorgetäuscht, er befände sich auf dem Meeresgrund. Hinter den Bullaugen verbergen sich Aquarien sowie der Pool des Hotels. Eine Situation, die erst nach ein paar Drinks ihre ganze Wirkung entfaltet.

🕐 Jeden Freitag und Samstag um 18.30 Uhr erhalten die Fische Gesellschaft von Meerjungfrauen. Ein trashiger Klassiker der Unterhaltungslandschaft.

B Ocean Resort | 1140 Seabreaze Blvd. | www.boceanfortlauderdale.com | tgl. 17.30–23 Uhr

EINKAUFEN

EINKAUFSSTRASSEN

Las Olas Boulevard

Dies ist die Vorzeigeeinkaufsstraße von Fort Lauderdale unter freiem Himmel.

Auf dem Miami Riverwalk (▶ Klappe vorne, c 3) gibt es beides: Kunst wie hier »Grass on the Wall« von Maria Cardoso auf der einen und das blaue Meer auf der anderen Seite.

Hier kommt man als Tourist nicht unbedingt hin, um seine Einkaufstaschen zu füllen. Aber das Angebot an Restaurants und Bars ist groß und erlesen – und somit auch der Unterhaltungsfaktor beim Blick auf das Publikum. Außerdem gibt es zehn große Galerien. East Las Olas Blvd., zwischen 3rd und 15th Southeast Ave. | www.lasolasboulevard. com

Sawgrass Mills ▸ S. 36

KULTUR UND UNTERHALTUNG

Cinema Paradiso

In Florida ist vieles möglich: So wurde diese einstige Kirche zu einem angesagten Programmkino umgewandelt. 503 Southeast 6th Street | Tel. 95 45 25 34 56 | www.fliff.co/Cinema_Paradiso | Eintritt: 10 $

SERVICE

AUSKUNFT

Greater Fort Lauderdale Convention & Visitors Bureau

101 Northeast 3rd Ave., Suite 100 | www.sunny.org

⭐ PALM BEACH UND ② WEST PALM BEACH ⚑ K 7

110 000 Einwohner

Okay, John Lennon mag hier kurz vor seiner Ermordung eine Villa gekauft haben. Rod Stewart zieht immer noch auf dem Fahrrad seine Runden. Und Johnny Depp kommt zum Einkaufen hierhin. Dennoch ist Palm Beach nicht einfach einer dieser Orte, wo die Zelebritäten aus dem Showgeschäft ihre Freizeit verbringen. Es ist ein offenes Geheimnis, dass sich in Palm Beach seit Generationen eher jene Reichen und Mächtigen der USA treffen, die hinter den Kulissen darüber entscheiden, in welche Richtung es geht. Angeblich leben heute 24 Milliardäre in Palm Beach. Die Liste der klangvollen Namen wird von Donald Trump angeführt, aber auch die Vanderbilts, Pulitzers, Eastmans (Kodak) und die Kennedys besitzen oder besaßen hier ein großzügige Anwesen. Wie so viele andere Orte in Florida geht auch die Gründung von Palm Beach, Ende des 19. Jh., auf den rastlosen Eisenbahnpionier Henry Flagler zurück, der 1893 die Gleise seiner East Coast Railway auf dem Festland (im heutigen West Palm Beach) verlegt hat. Geprägt wurde das schmale Eiland später maßgeblich vom Architekten Addison Mizner (1872–1933), der dem Retortenort unbedingt ein historisches Antlitz verleihen wollte. Er erfand den »Mediterranean Revival Style« – europäisch inspirierte Retro-Bauten, die es in weiten Teilen Nordamerikas gibt. Nahezu alles was Mizner errichtet hat ist auf Alt getrimmt, damit sich Bewohner und Besucher der Illusion hingeben können, dass Palm Beach ein Kultur- und Machtzentrum von historischer Dimension ist. Die vornehme Grandezza lebt bis heute in Palm Beach fort. So tragen hier viele Herren beim Restaurantbesuch ein Dinner-Jackett. Die Society-Damen laden regelmäßig zu Wohltätigkeitsempfängen in ihre Villen ein. Ein typisch Mikrokosmos, der auch touristisch seine Reize hat: Nirgendwo ist die durchschnittliche Wassertemperatur höher. Und die Bahamas sind näher als Miami. Im benachbarten West Palm Beach sieht die Welt deutlich normaler aus. Allerdings lässt es

sich auf der anderen Seite der Lagune auch gut leben. Ein Hotspot ist die Clematis Street mit Restaurants und Bars.
www.townofpalmbeach.com,
www.wpb-org

MUSEEN UND GALERIEN

Flagler Museum

Schöner als alle europäischen Vorbilder sollte der Palast werden, den Henry Flagler in Palm Beach hat errichten lassen. 1902 war die mit einer pompösen neoklassizistischen Fassade ausgestattete Whitehall so weit fertiggestellt, dass der bereits 72 Jahre alte Eisenbahngigant den Bau seiner 38 Jahre jüngeren Gemahlin als Hochzeitsgeschenk präsentieren konnte. Die beiden an der Pariser École des Beaux-Arts ausgebildeten Architekten John Carrere und Thomas Hastings durften ihren formvollendeten Historismus in nicht weniger als 75 Räumen ausleben.

Palm Beach | One Whitehall Way | www.flaglermuseum.us | Di–Sa 10–17, So 12–17 Uhr | Eintritt: 18 $, Kinder (6–12 J.) 3 $, Jugendl. (13-17 J.) 10 $

Historical Society

Die lokale Geschichte reicht weiter als bis zur Verlegung der Eisenbahnschienen. Die Besiedlung Floridas ist eines der Themen des gut gemachten Museums, das auch auf den zweifelhaften Ruhm eingeht, den Palm Beach County während der US-Präsidentschaftswahlen von 2000 erlangte. Einer der Wahlautomaten, die seinerzeit ihren Dienst verweigert haben, ist ausgestellt.

West Palm Beach | 300 North Dixie Hwy. | www.historicalsocietypbc.org | Di–Sa 10–17 Uhr | Eintritt frei

Ragtops Cars

Wer unbedingt einen klassischen amerikanischen Oldtimer erstehen möchte, sollte hier vorbeischauen: Vom 1938er Buick Special bis zum 1973er Mustang Cabrio ist alles da. Stehen finanzielle Gründe einer Anschaffung im Wege, lohnt sich der Weg dennoch, denn das Haus ist stolz auf sein eigenes Museum. West Palm Beach | 420 Claremon Dr. | Tel. 561 655 28 36 | www.ragtops motorcars.com | Di–Sa 9–17 Uhr

ÜBERNACHTEN

Grandview Gardens ▸ S. 24

Kimpton Tideline

Blick aufs Meer – Das Hotel ist geschmackvoll durchgestylt. Die Zimmer bieten einen unverstellten Blick auf das azurblaue Meer. Der Strand ist breit und sauber, die Straße ist weit weg. Gute Voraussetzungen für erholsame Tage abseits des prätentiösen Trubels von Palm Beach. Während die Preise im Winter gepfeffert sind, ist das 10 km weiter südlich gelegene Tideline von April–Nov. durchaus bezahlbar. Palm Beach/Tideline | 2842 South Ocean Blvd. | Tel. 561 540 64 60 | www. tidelineresort.com | 134 Zimmer | ♿ | €€–€€€€

ESSEN UND TRINKEN

Green's Pharmacy

Diner in einer Apotheke – Es geht auch anders in Palm Beach: Green's Pharmacy ist ein unscheinbarer Imbiss, der sich noch dazu im Nebenraum einer Apotheke befindet. Typisch amerikanische Sandwiches wie ein »Reuben sandwich« (mit Corned Beef und Sauerkraut) werden in der offenen Küche

Cocktail im The Breakers

In der Bar der Lusxushotels The Breakers hat man schnell das Gefühl, gleich kommt Frank Sinatra um die Ecke. Die Cocktails sind formidabel und sogar einigermaßen erschwinglich. Das Ambiente ist überwältigend (▸ S. 12).

serienweise produziert. Wann immer sie Lust auf das Gewöhnliche verspüren, mischen sich auch Celebrities unter das Publikum. Palm Beach | 151 North County Road | Tel. 561 832 44 43 | Mo–Fr 8–18, Sa 8–16 Uhr | €

PB Catch Seafood ▸ S. 28

EINKAUFEN

EINKAUFSSTRASSEN

Worth Avenue ▸ S. 36

MODE

Maus & Hoffman

Seit 1934 hegt und pflegt das Personal des Familienunternehmens den typischen Kleiderstil Südfloridas: diskrete Farbenfreude, aber keine quietschbunten Garnituren. Kompetente Beratung ist inbegriffen. Palm Beach | 312 Worth Ave. | Tel. 80 06 28 62 87 | www.mausandhoffman.com | Mo–Sa 9–18 Uhr

SERVICE

AUSKUNFT

Touristeninformation

The Palm Beaches | 1555 Lakes Blvd., Suite 800 | www.palmbeachfl.com

Im Fokus
Die Metamorphose Miamis zur Kulturmetropole

Trotz der imposanten Vielzahl geschmackssicherer Art-déco-Bauten in South Beach galt Miami lange als kulturfreie Zone. Das hat sich in den letzten Jahren radikal geändert – vor allem Dank des Ablegers der internationalen Kunstmesse Art Basel.

An der Kreuzung des Ocean Drive und 10th Street könnte es heute nicht eindeutiger nach Miami aussehen: Zur Rechten lockt mit dem Clevelander das inoffizielle Partyhauptquartier von South Beach, wo changierende Rosatöne Tiki-Bar und Pool ins rechte Licht setzen. Zur Linken geben schillernde Gestalten beiderlei Geschlechts im Ocean's Ten ihr Bestes, um ein wenig Aufmerksamkeit der Passanten auf sich zu ziehen – was keine ganz leichte Mission ist, da stets ein auffällig lackiertes Automobil mit ausladenden Heckflossen vor dem Bordstein parkt.

Es ist maßgeblich einer Frau zu verdanken, dass diese typische Straßenszene heute Realität ist. Das Straßenschild der 10th Street erinnert an sie: Barbara Capitman (1921–1990). Die Frau, so will es die Legende, hat sich in den 1970er-Jahren den Bulldozern in den Weg gelegt, die schon bereitstanden, um die ersten **Art-déco-Bauten** 🔴2 dem Erdboden gleichzuma-

◀ Klare Formen und kontrastierende
Farben prägen den Art-déco-Stil.

chen, damit am renditeträchtigsten Flecken ganz Floridas Hochhäuser errichtet werden konnten. So wie es nördlich von South Beachs an weiten Teilen der Küste der Fall ist.

Wenig später hat Barbara Capitman mit ihrem Sohn die Miami Design Preservation League gegründet, die von Beginn an das Ziel verfolgt hat, den überwiegend in den 1930er- und frühen 1940er-Jahren des vorigen Jahrhunderts entstandenen Art-déco-Distrikt dauerhaft vor Veränderungen zu schützen. Der Plan ist aufgegangen, denn mehr als 800 Gebäude wurden bis heute in die Liste nationaler Denkmale aufgenommen. Viele von ihnen strahlen bereits schöner denn je zuvor.

ARCHITEKTUR ALS AUSDRUCK EINES LEBENSGEFÜHLS

Die optimistische Farbgebung aber ist nur eines der charakteristischen Erkennungsmerkmale des Architekturstils. Viel mehr heben sich die stromlinienförmigen Ornamente signifikant vom pompösen Stil der 1920er-Jahre ab. Vor dem Börsen-Crash 1929 war in Florida der unter Anführung von Addison Mizner kreierte »Mediterranean Revival Style« das Maß aller Dinge. Nachdem die Krise ausgestanden war, galt das aber als rückwärtsgewandt. Eine neue Ausdrucksform musste her. Mit Art-déco wurde sie schließlich gefunden.

Die Inspiration stammte aus verschiedenen Teilen Europas, wo sich im frühen 20. Jh. nahezu überall neue Design-Sprachen entwickelt hatten: Französisches Art-déco, deutscher Bauhaus-Stil, die Amsterdamer Schule oder die Wiener Sezession waren die Zutaten eines Eklektizismus, den örtliche Architekten und Künstler bald danach mit vielschichtigen lokalen Elementen zu verfeinern begannen.

Obwohl der Baustil auch in anderen Vierteln Miamis exemplarisch angetroffen werden kann, ist die Konzentration der Art-déco-Gebäude in South Beach zwischen der 5th und der 15th Street am höchsten (Merian-Moment). Darunter befindet sich mit dem Cardozo Hotel (1300 Ocean Dr.) ein Klassiker aus der ersten Blüteperiode, der zugleich das erste von der Miami Design Preservation League gerettete Objekt ist.

Die für das Stadtbild so wichtige Organisation residiert passenderweise heute genau in der Mitte des Distrikts und zwar in der gedachten Fortsetzung der 10th Street direkt am Ozean. In einem kleinen Museum wird die Historie des Baustils nacherzählt, wobei auch die feinen Nuancierungen der verschiedenen Epochen Beachtung finden. Wer sich eingehender mit der Materie befassen möchte, kann hier außerdem eine Tour buchen. Diverse typische Spielarten des Art-déco sind in South Beach allgegenwärtig. Das wohl charakteristischste Merkmal sind die eleganten Stromlinien, die den Bauten ihre Eleganz verleihen.

BULLAUGEN ALS NAUTISCHE ELEMENTE

Weit verbreitet sind zudem steil über das Dach hinausragende Turmspitzen, aber auch nautische Elemente – bullaugenähnliche Fensterreihen zieren vor allem die unterhalb der Dachkante verlaufenden Etagen. Hierdurch soll der Einfall von zu viel grellem Tageslicht vermieden werden. Dieselbe Wirkung hat auch ein anderer Kunstgriff: Oft haben die Architekten die Fenster mit einem markisenähnlichen Vorbau versehen, durch dessen Schatten ein sogenannter »Augenbraueneffekt« entsteht. Typisch sind zudem Ornamente mit tropischen Motiven, florale Muster, Palmenwedel oder die Wellen des Ozeans.

Die Formensprache Miamis wurde von Baumeistern wie L. Murrey Dixon oder Henry Hohauser definiert. Beide haben South Beach so entscheidend geprägt, dass sie in die Liste der »Great Floridians« aufgenommen wurden, eine Art disziplinübergreifender Hall of Fame des Bundesstaates. Dieselbe Ehre wurde auch Barbara Capitman zuteil. Bei allem Engagement für den Erhalt der Bauten konnte sie eines jedoch nicht verhindern. Ursprünglich nämlich war die Farbenlehre der Architekten sehr puristisch. Neben viel Weiß sah sie nur den sporadischen Einsatz anderer Töne vor. Mintgrüne Fassaden waren ebenso verpönt wie knallgelbe oder dunkelblaue Partien. Als Stilbruch aber erscheint die Aufweichung nicht.

DER AUFSTIEG ZUR KULTURMETROPOLE

Die Art-déco-Welle war der erste Vorläufer einer Entwicklung, die erst kürzlich an Fahrt aufgenommen hat. Nach der Jahrtausendwende nämlich hat sich Miami neu erfunden. Aus dem einstigen Magneten für Superreiche, der späteren Mafia-Hochburg und dem leicht langweiligen Touristennest der 1990er-Jahre ist eine inspirierende Kunststadt geworden. Auslöser war die Entscheidung der renommierten Art Basel, ihren amerikanischen Ableger in Südflorida zu eröffnen. Und es ist schwer vorstellbar, dass die Verantwortlichen diesen Schritt gegangen wären, wenn sie nicht in South Beach die ultimative Kulisse für die Verwirklichung ihres Plans gesehen hätten, die Kunstmesse als solche auf eine neue Ebene zu heben. 2002 wurde die Art Basel Miami Beach erstmalig ausgerichtet.

Damals wurde die Idee noch weithin belächelt. Schließlich galten Florida im Allgemeinen und Miami im Speziellen als kulturelles Vakuum, in dem allenfalls Rentner ausreichend Inspiration für die Gestaltung ihres Lebensabends finden. Diese Einschätzung änderte sich jedoch sehr bald: Galeristen, Sammler und Stars aus dem Showgeschäft entdeckten, dass es eine vergnügliche Sache ist, in der Dezembersonne den schönen Künsten zu frönen. Zuletzt wurden Leonardo di Caprio und Sean Combs alias Puff Daddy dabei beobachtet, wie sie sich mit Werken von Frank Stella respektive Tracey Emin eingedeckt haben.

Der Zuspruch von Prominenten mag Machern auch in South Beach Miami gut tun. Die wichtigere Entwicklung aber hat sich auf der anderen Seite der Biscayne Bay vollzogen. Parallel zur Messe konnte sich ein bis dahin wenig attraktives Viertel als neuer Hotspot etablieren: Wynwood. Anfang des Jahrtausends hatten Besucher noch keinerlei Anlass, sich in den Stadtteil zu wagen. 2015 zählten die Lagerhallen Wynwoods bereits über 70 Galerien. In der Peripherie haben sich auch Bars, Clubs, Restaurants und Geschäfte angesiedelt, sodass von einer rasanten Gentrifizierung gesprochen werden darf.

SUBKULTUR UND STREET ART

Im Unterschied zum glamourösen und manchmal ziemlich klischeebeladenen South Beach steht Wynwood im Zeichen von Subkultur und Street Art. Die populärste – und zugleich kostenfrei zugängliche – Attraktion sind die Wynwood Walls, eine Freiluftgalerie, auf der sich die Größen des Genres verewigt haben. Zusätzlich zu der offiziellen Ausstellungsfläche dienen die Mauern vieler Lagerhallen als weitere Projektionsflächen für die Kunst der Gegenwart.

Miami gefällt sich in der Rolle, nicht mehr bloß eine Bühne für selbstverliebte Strandurlauber zu sein. Die Metamorphose zur Kulturmetropole nimmt denn auch weiter an Fahrt auf. Zunächst entstand im neuen Museumsquartier das Arsht Center for the Performing Arts, das der Argentinier Cesar Pelli entworfen hat. Den endgültigen Durchbruch aber könnte das neue Pérez Art Museum Miami markieren, wo in wechselnden Ausstellungen Gegenwartskunst zu sehen ist. Kühn, subversiv, ein wenig verstörend und ohne die Gewissheit eindeutiger Antworten. Es kommt zupass, dass der Museumsbau nicht weniger spektakulär ist. Er stammt von den Schweizer Superstars Herzog & De Meuron und hat das Zeug, zu einer eigenständigen Sehenswürdigkeit zu werden. Die Rahmenbedingungen waren in Miami nie günstiger.

DIE SÜDSPITZE – EVERGLADES UND FLORIDA KEYS

Die Everglades und die Keys gehören zu den ultimativen Alleinstellungsmerkmalen Floridas. Wer dort Urlaub macht, sollte sich jedoch der Tatsache bewusst sein, dass sowohl die Inselkette als auch der wasserreiche Nationalpark sehr fragil sind.

Tropische Inseln, die von azurblauem Wasser umspült werden. Eine abenteuerliche Verbindungsstraße aus unzähligen Brücken, die weltweit ihresgleichen sucht. Und am äußersten Ende, vier bis fünf Autostunden südwestlich von Miami, ein Städtchen, dessen liberalen Geist und tropische Lebensfreude schon Papa Hemingway zu goutieren wusste.

Mit dieser Kombination von Vorzügen sind die Florida Keys und insbesondere **Key West** in die Spitzengruppe der amerikanischen Urlaubsmythen aufgestiegen. Ähnliches gilt für die **Everglades** ⭐: Die subtropische Sumpflandschaft ist ein einzigartiges Biotop und dazu ein enorm großes Refugium für bedrohte Tierarten. Sie ist die Heimat von Panthern, Alligatoren und Manatees, den korpulenten und doch so liebenswert aus-

◄ Per Rad auf Key West (► MERIAN TopTen, S. 90), vorbei an schmucken Holzhäusern.

Die Nordost-küste

Der Nordwesten

Orlando

Die Golfküste

Der Großraum Miami

Die Südspitze

sehenden Rundschwanzseekühen. Seit 1947 genießen die Everglades den Status eines Nationalparks, was Präsident Truman ursprünglich als dauerhaften Schutz vor der rasant fortschreitenden Urbanisierung Floridas verstanden wissen wollte. Bis vor einigen Jahrzehnten schien die Welt hier tatsächlich noch in Ordnung, doch mittlerweile ist die Zivilisation in Südflorida dem Park so auf die Pelle gerückt, dass ein Masterplan zur Wiederinstandsetzung ins Leben gerufen werden musste. In der **Hochsaison** ist der Ansturm der »Snowbirds« (der Wintertouristen aus den nördlichen US-Staaten) vor allem an Wochenenden einfach gewaltig. Schon längst reichen die Parkplätze an den wenigen Einfallstoren nicht mehr aus.

Ähnlich belastet sind die über 200 Koralleninseln der Keys. Weil ein ganzer Kontinent von Dezember bis April in den Südzipfel der USA drängt, kann es vorkommen, dass sich eine einzige Blechlawine über den Overseas Highway wälzt. Key West muss obendrauf noch die Passagiere von bis zu zwei Kreuzfahrtschiffen pro Tag aushalten. Eine Situation, die nicht nur unter den Inselbewohnern als prekär gilt.

IM EINKLANG MIT NATUR UND UMWELT

Behutsamkeit also ist geboten, damit die fragilen Rückzugsorte – einer für Flora und Fauna, einer für den Menschen – auch künftigen Generationen erhalten bleiben. Dies setzt verantwortungsvolles und bewusstes Reisen voraus. Ein Anfang ist der Verzicht auf die Benutzung jener ohrenbetäubenden Airboats, die außerhalb der Parkgrenzen durch die Everglades bürsten – im Park selbst sind sie verboten.

Mit diesem Bewusstsein im Hinterkopf lassen sich sowohl in den Everglades als auch auf den Keys heute noch guten Gewissens unvergessliche Reisen machen. Eine Bootstour durch die **Thousand Islands** am Westrand der Everglades etwa. Oder die frühmorgendliche Erkundung des Bahia Honda State Parks, wo die Relikte der ehemaligen Eisenbahnlinie verloren aus dem Wasser ragen. Auch der Bummel durch Key West in einer tropischen Nacht ist noch immer ein Erlebnis.

★ EVERGLADES NATIONAL PARK ✈ H–K 8–9

400 Einwohner

Mit mehr als 6100 qkm sind die Everglades nach dem Death Valley (Kalifornien) und Yellowstone (Idaho, Montana, Wyoming) der drittgrößte Nationalpark der USA (außerhalb Alaskas). Die Everglades sind zugleich die größte subtropische bis tropische Wildnis Nordamerikas. Was auf den ersten Blick wie eine riesige Sumpflandschaft aussieht, ist wissenschaftlich gesehen zu großen Teilen eine Prärie, die abgesehen von den Wintermonaten von einem bis zu 60 km breiten, aber lediglich knöcheltiefen und extrem langsam fließenden Fluss überflutet ist. Als Refugium für bedrohte Tierarten sind die Everglades von einem unschätzbarem Wert.

Touristen haben drei bequeme Zugangsmöglichkeiten zu dem Areal, dessen Fläche mehr als sieben Mal so groß ist wie Berlin. Von Naples aus führt eine etwa 60 km lange Straße nach Everglades City, die letzte Siedlung vor dem unbewohnten Nationalpark. Eine Bootstour durch die Ten Thousand Islands ermöglicht meist unvergessliche Einblicke in die maritimen Inselwelten. Der auch als »Tamiami Trail« bekannte Highway 61, der Miami mit Tampa verbindet, gestattet Erlebnisse von unterschiedlicher Intensität: Wer unbedingt auf die Schnelle Alligatoren und Manatees sehen möchte, kann dies frei nach der Maxime »Abenteuer ultralight« hier fast aus dem Auto heraus.

Die einzige Stichstraße, die aus der Zivilisation quer durch die Everglades führt, verbindet unterdessen das südwestlich von Miami gelegene Homestead mit dem Besucherzentrum in Flamingo, wo sich auch der größte Zeltplatz des Nationalparks befindet. Andere Übernachtungsmöglichkeiten sind innerhalb der Parkgrenzen nicht vorhanden – und auch die Nahrungsmittelversorgung ist auf das Allernötigste begrenzt.

SEHENSWERTES

Eingang 1: Everglades City ✈ H 8

Träge und verschlafen wirkt der kleine, nur 400 Einwohner zählende Ort, der Zugang zum Westen der Everglades bietet. So mag Florida ausgesehen haben, bevor der große Run aus dem Norden eingesetzt hat. Everglades City liegt an der Nordwestecke des Nationalparks, der hier 1947 offiziel eingerichtet wurde. Das Besucherzentrum fügt sich nahtlos in das Szenario ein, es ist eher klein und sympathisch unglamourös. Allerdings bietet es in Form von Filmen, Broschüren oder Gesprächen mit den auskunftsfreudigen Rangern eine Einführung in Flora und Fauna. Auch werden hier Genehmi-

---

Wollen Sie's wagen?

Schräg gegenüber des Nationalparkportals Shark Valley laden die Miccosukee (dt: Mikasuki) zur Entdeckung ihrer Kultur ein. Die »First Nations« gewähren in ihrem »Indian Village«, einer Mischung aus Freilichtmuseum und traditionellem Dorf, Einblicke in ihre Lebensformen und das Kunsthandwerk ihrer Stammes. Sie werden auch Alligatoren hautnah erleben.

www.miccosukee.com

Die wildromantische Loxahatchee National Wildlife Refuge im nördlichen Teil der Everglades (▶ MERIAN TopTen, S. 84) bietet Lebensraum und Schutz für viele gefährdete Tierarten.

gungen für den individuellen Aufenthalt im Park abseits der asphaltierten Wege ausgestellt. Durch den Verleih von Kanus sind Erkundungstouren durch das Biosphärenreservat möglich. Wer es bequemer mag, kann an Bord eines Ausflugsbootes in die Inselwelt mit ihren Mangroven eintauchen oder das Brackwasser in den Sumpfland-schaften erkunden.

Besucherzentrum Golfküste | südl. Everglades City, 815 Oyster Bar Lane | www. nps.gov/ever | tgl. 9–16.30, Mitte Nov.– Mitte April ab 8 Uhr, 10 $ pro Fahrzeug (Gültigkeit 7 Tage)

Eingang 2: Shark Valley ⚑ J 8

Die Route über den Highway 41 ist heute kein Pfad mehr für abenteuerlustige Pioniere. Das war 1915 anders, als der Tamiami Highway als erste Verbindung von Tampa nach Miami angelegt wurde. Aber die Straße ermöglicht einen schnellen und unkomplizierten Zugang zu den Everglades und den angrenzenden Naturreservaten. Postalisch zählt das Gebiet bereits zu Miami, wo die Straße als Calle Ocho in Little Havana endet.

In der Hochsaison, von Januar–März stoßen die Parkplätze vor allem am Besucherzentrum Shark Valley in den Everglades an die Grenzen ihrer Kapazitäten. Frühes Aufstehen oder eine Ankunft am späteren Nachmittag können Abhilfe schaffen. Von Trolley-Touren über Fahrradexkursionen bis hin zu Spaziergängen über abgesicherte Holzstege gibt es ein umfangreiches touristenfreundliches Angebot.

Shark Valley Besucherzentrum | Hwy. 41 (Tamiami Trail) | www.nps.gov/ever | tgl. 9–17, März–April ab 8.30 Uhr | 10 $ pro Fahrzeug

Eingang 3: Flamingo　📍 J 9

Die Zufahrt über Florida City und Homestead ist die einzige, die tief in die Everglades hineinführt. Fast 65 km sind es von jenem Punkt, wo die Agrarflächen abrupt enden und das Ernest F. Coe Visitor Center mit allerlei Informationen und Sportgeräteverleih aufwartet. Wer seine Ungeduld nicht mehr im Zaum halten kann, hat bereits wenige Kilometer hinter dem Parkeingang am Royal Palm Visitor Center die Gelegenheit, auf Holzstegen kleine Runden durch die typischen Habitate zu drehen. Die Wege sind nicht ohne Grund nach dem Schlangenvogel »Aningha« und dem Gummibaum »Gumbo Limbo« benannt.

Einen schönen Ausblick über das Marschland erlaubt die Aussichtsplattform »Pah Hay Okee«, die über eine nach Norden abzweigende Stichstraße erreichbar ist. Die Bezeichnung ist der Sprache der Einheimischen entliehen und bedeutet »Meer aus Gras«.

Intensiveren Kontakt zur Natur gestattet der Park in Form markierter Pfade für Kanu-Touren, die durch finstere Namen wie »Hell's Bay« oder »Gra-

veyard Creek« auffallen. Am Endpunkt der Straße in Flamingo dürften sich Anfänger wohler fühlen, denn wer hier eine Kajak-Tour unternimmt, kann sich auch neugieriger Blicke sicher sein, die nicht von Alligatoren oder Krokodilen stammen. Auf ausgebaute Fußwege müssen die Besucher nicht verzichten. Der neben dem Campingplatz gelegene »Eco-Pond« führt z. B. 800 m rund um einen Süßwasserteich.

Flamingo Besucherzentrum, am Ende des Hwy. 9336 | www.nps.cpv/ever | Mitte Nov.–Mitte April 8–16.30 Uhr (in der Nebensaison unregelmäßig) | Eintritt: 10 $ pro Fahrzeug

ÜBERNACHTEN

Marco Island Lakeside Inn

Luxuriöse Ausgangsbasis – Schön an einem See gelegen, sind die motelartigen Zimmer des Hauses ganz in weiß eingerichtet. Eine Unterkunft für einen frühen Start in die westlichen Everglades, bis nach Naples sind es etwa 20 Minuten.

Auf der Insel befindet sich mit dem Tigertail Beach Park ein Prachtstrand (Parken 8 $ pro Tag), ansonsten dominieren Hotelklötze, obwohl Marco Island bereits zu den »Ten Thousand Islands« gehört und der letzte Zivilisationsposten vor der unbewohnten Inselwelt der Mangroven ist. Von hier aus führt eine Nebenstraße (State Road 92) in den Collier-Seminole State Park und somit in jene Regionen Südfloridas, die abgesehen von den beiden Ost-West-Tangenten der Wildnis überlassen sind.

155 1st Ave. Marco Island | Tel. 23 93 94 11 61 | www.marcoislandlakeside.com | €€€

FLORIDA KEYS H–K 10

80 000 Einwohner

Wer an die mehr als 200 Florida Keys denkt, hat automatisch Bilder eines Paradieses vor Augen. Diese Vorstellung ist gerechtfertigt. Mehr denn je aber sind Besucher darauf angewiesen, die Orte zu finden, die nicht vom Massentourismus erdrückt werden.

KEY LARGO K 9

10 500 Einwohner

Ein klangvoller Name. Doch es gilt zu wissen, dass der gleichnamige Film nicht nach der lang gezogenen Insel benannt ist und nur wenige Szenen hier gedreht wurden. De facto wurde nach dem Erfolg des Klassikers die Insel umbenannt. Was der Mythos von Humphrey Bogart und Lauren Bacall verspricht, kann Key Largo in keiner Weise halten: Wer mit dem Auto unterwegs ist, sieht lediglich Einkaufszentren und Billigläden. Ein Lichtblick ist der John Pennekamp Coral Reef State Park. Taucher starten hier zu Expeditionen in die Unterwasserwelt. Weite Teile der Nordhälfte von Key Largo sind für die Öffentlichkeit gesperrt, da es sich um einen der letzten verbliebenen Rückzugsräume für das amerikanische Süßwasserkrokodil handelt.

www.fla-keys.de/keylargo

ESSEN UND TRINKEN

The Fish House

Fisch unter freiem Himmel – Das Restaurant hat eröffnet, als die »Conch Republic« geboren wurde. Seit 1982 kommt hier frischer Fisch auf den Teller. Mit ein wenig Glück ist ein Platz im hauseigenen Garten frei.

Einsamkeit, Ruhe und Entspannung findet man am traumhaft schönen Far Beach im John Pennekamp Coral Reef State Park auf Key Largo (▶ S. 87).

102401 Overseas Hwy. | Tel. 30 54 51
46 65 | www.fishhouse.com | tgl.
11.30–22 Uhr | €€

ISLAMORADA   J 10
6 100 Einwohner

»Ein Dorf auf Inseln« nennt sich Isla-
morada. Der Ort erstreckt sich über
mehr als 20 km von Plantation bis nach
Lower Matecumbe Key. Abseits des
Overseas Highway beginnt die Inselwelt ihren vollen Zauber zu entwickeln.

SEHENSWERTES
Robbie's Marina
Robbie's Marina, am Ostende von Lower Matecume Key, ist Kuriositäten-
markt und Hangout zugleich. Einige
Besucher kommen, um Tarpune zu
füttern. Andere nutzen die hippiehafte
Umgebung, um Kunsthandwerk von
zweifelhaftem Wert zu erstehen oder
auch nur einen Snack zu sich zu nehmen. Wieder andere steigen hier in
Ausflugsboote ein, die sie zu einem unbewohnten tropischen Eiland namens
»Lignumvitae Key« bringen (37,50 $).
77522 Overseas Hwy. | 30 56 64 80 70 |
www.robbies.com | tgl. 8–18 Uhr

»Early Bird« im Bahia Honda State Park
Die Relikte der Brücke der East
Coast Railway, die Henry Flagler
von 1905–1912 auf abenteuerlicher
Streckenführung bis nach Key West
durchgezogen hat, sind sehenswert.
Wer auf den Überresten bis zu
einer klaffenden Lücke voran-
schreitet, reist in eine vergangene
Zeit (▶ S. 13).

ÜBERNACHTEN
Guy Harvey Outpost Oceanside Resort

Luxus am Ozean – Dieses Resort hat
für die Keys schon fast riesige Ausmaße. Es liegt abseits der Straße, besitzt großzügige Sandflächen (aber keinen Strand zum Schwimmen) und
einen Fischerpier, der 24 Stunden pro
Tag geöffnet ist. Die Zimmer sind wie
Appartements eingerichtet. Eine gute
Adresse, die ihren Preis hat.
82100 Overseas Hwy. | Tel. 30 56 64
20 31 | www.guyharveyoutpostisla
morada.com | 114 Zimmer | €€€€

ESSEN UND TRINKEN
Lorelei

Tropisches Strandfeeling – Der Blick
auf den Sonnenuntergang wird täglich
von Livemusik begleitet. Mit einer
»frozen margarita« in der Hand und
»coconut shrimp« auf dem Teller hört
man hier rasch den Puls von Islamora-
da schlagen – trotz des doch eher un-
passenden Namens.
Mile Marker 82 (Bayside) | Tel. 30 56 64
26 92 | www.loreleicabanabar.com |
tgl. 7–24 Uhr (16–18 Uhr Happy Hour) |
€€

MARATHON   J 10
8 200 Einwohner

Ungefähr auf halbem Weg zwischen
Key Largo und Key West gelegen, ist
Marathon eine Art Oberzentrum mit
Einkaufszentren und Flughafen. Für
eine Verschnaufpause eignet sich der
Sombrero Beach auf der Atlantikseite.
Marathon besteht aus den Inseln
Knight's Key, Boot Key, Key Vaca, Fat
Deer Key, Long Point Key, Crawl Key
und dem Grassy Key.

Golfspieler fühlen sich wie im Paradies und genießen die einzigartige Lage dieses rund 6500 qm großen 18-Loch-Golfplatzes auf Key West (▶ MERIAN TopTen, S. 90).

SEHENSWERTES

Turtle Hospital

Ähnlich wie das Dolphin Research Center (▶ S. 52) handelt es sich auch bei dem Schildkrötenhospital um eine gemeinnützige Organisation, die sich vor allem um verletzte Tiere kümmert. Besucher des ehemaligen Motels erhalten zunächst eine Einführung in die Lebenswelten der Schildkröten und ihre Bedrohung durch die immer weiter fortschreitende Zivilisation. Anschließend begleiten die kenntnisreichen Biologen die Besucher ohne irgendeine Form der Sensationslust zu den Tieren. Unnötig zu erwähnen, dass es für Kinder ein großes Erlebnis ist, den bis zu 250 Kilo schweren Giganten der Meere zu begegnen – vor allem, wenn für die Tiere eine Aussicht besteht, dass sie wieder aus dem Hospital entlassen werden können. Wenn die Rückkehr in die freie Wildbahn erfolgen kann, ist dies für die engagierten Mitarbeiter die größte Erfüllung. Auch wenn sie nicht verbergen können, dass sie die Tiere vermissen.

2396 Overseas Hwy. | Tel. 30 57 43 25 52 | www.turtlehospital.org | tgl. 9–18 Uhr, Eintritt 18 $, Kinder (4–12 J.) 9 $ | stündl. Führungen

ESSEN UND TRINKEN

Cracked Conch Café

Simple Regionalküche – Frittierte Meeresschnecken mit Remoulade auf Kümmelbrot ist die regionaltypische Spezialität des Hauses. Ein simples Restaurant mit freundlichem Personal.

4999 Overseas Hwy. | Tel. 30 57 43 22 33 | www.conchcafe-hub.com | Fr–Di 7–22.30, Mi, Do 9.30–22.30 Uhr | €

⭐ KEY WEST

Stadtplan ▶ S. 91

25 000 Einwohner

Auf den Straßen und in den Gärten von Key West paradiert das Federvieh. Ein ungewöhnliches Bild in den ansonsten »durchzivilisierten« USA. Die Vorfahren der munter krähenden Hähne waren einst als Nahrungsquelle auf einem Schiff unterwegs, ehe sie nach einem Hurrikan hier gestrandet sind. Wie alle anderen Vögel stehen sie nun unter Schutz. Das ist nur einer von vielen Gründen, warum Key West anders ist, als der Rest des Landes.

Ein leicht gockelartiges Verhalten ist auch den Besuchern und Bewohnern des Eilands nicht fremd. Man sonnt sich am südlichsten Punkt des Landes gerne in einer prahlerischen Andersartigkeit. Man hält sich für weniger strukturiert und weniger aufgeräumt. Am 23. April 1982 hat sich das ehemalige Piratennest gar von den USA losgesagt, weil die Behörden auf Key Largo bei der Fahndung nach Drogenschmugglern Straßensperren errichtet hatten. Dies wurde als unzumutbare Beschneidung der Freiheit wahrgenommen. Damit war die legendäre »Conch Republic« geboren.

Die Unabhängigkeitserklärung der Insulaner freilich war eher satirischer Natur. Doch ihre Wirkung verfehlte sie nicht: Die Blockade wurde aufgehoben und die »Conchs« hatten ihr Profil geschärft. Der Kosename, den sich die Bewohner der Keys selber verliehen haben, bezieht sich übrigens auf die Fechterschnecke, die hier allgegenwärtig ist und die man vorzugsweise mit Panade verspeist. Sie ziert auch das Wappen und die Flagge der Republik.

Key West zehrt bis heute von seinem Ruf als Exklave der Unangepassten. Das Stadtbild aus Holzhäusern mit Veranden und tropischer Vegetation ist dabei weitgehend intakt. Ja, mitten auf der Insel leben sogar ganz normale Menschen. Und wer Key West auch als annähernd gewöhnlichen Ort erleben möchte, der sollte im Hochsommer kommen, wenn die Nordamerikaner die Schwüle scheuen. Oder aber am frühen Morgen und spät am Abend um die Blocks ziehen, wenn die Kreuzfahrer bereits wieder in See gestochen sind. Der Overseas Highway 1, der auf Key West endet, ist die Lebensader und wichtigste Verkehrsanbindung der Keys.

SEHENSWERTES

❶ Duval Street

Die Hauptschlagader der Insel vereint alles, was Key West ausmacht: Prächtige Holzvillen, ein imposantes Straßenbild, Gay-Bars, interessante Restaurants, trashige Souvenirshops, gute und schlechte Kneipen, volle Bürgersteige, betrunkene Touristen – und eine Menge Charme. Mit anderen Worten: Das sollte sich niemand entgehen lassen.

www.liveduvalstreet.com

❷ Mallory Square

Auf diesem Platz wird Key West seit dem inoffiziellen Beginn des Hippie-Zeitalters in den 1960er-Jahren Abend für Abend zum Freiluftzirkus: Wenn sich die Sonne langsam dem Horizont nähert, versammeln sich hier die Touristen, um dem Ereignis beizuwohnen. Feuerschlucker, Jongleure und Schlangenbeschwörer leisten ihnen Gesellschaft. Ein Phänomen.

www.mallorysquare.com

Key West ⭐

0 ————— 2,1 km

© MERIAN-Kartographie

MUSEEN UND GALERIEN

3 Hemingway Home & Museum

Man mag von Ernest Hemingway (1899–1961) halten, was man will. Eines jedoch können auch Kritiker dem Romancier und Literaturnobelpreisträger nicht absprechen: Er hatte ein Näschen dafür, zur richtigen Zeit am richtigen Ort zu sein. Nach seiner Pariser Phase residierte er von 1928 bis 1939 auf dem damals noch wenig bekannten Eiland, wo er sich eine stattliche Villa gönnte. Als erster Einwohner von Key West konnte er sich gar die Extravaganz eines Swimmingpools leisten – sehr zur Freude seiner zahlreichen Gäste, die im seinerzeit noch weder elektrifizierten noch klimatisierten Ort aus dem Wasser in die Sterne blicken konnten.

Die Villa Hemingways ist heute ein Museum – und vor allem für Hemingway-Freunde sehenswert, denn die Aura der 1930er-Jahre ist in Teilen gut erhalten. Im tropischen Garten steht – passenderweise – ein erhabener »Baum der Reisenden«. Im intimen Studio ist neben den Sitzmöbeln die Schreibmaschine des Autors zu bewundern. Und das gesamte Anwesen wird von den Nachfahren von Hemingways Katzen bevölkert. Als sicherer Indikator für die Korrektheit dieser Behauptung gilt: Die Tiere haben wie bereits ihre Ahnen pro Pfote sechs Zehen.

907 Whitehead Street | Tel. 30 52 94 11 36 | www.hemingwayhome.com | tgl. 9–17 Uhr | Eintritt 13 $, Kinder (ab 6 J.) 6 $

❹ Truman Little White House

Die Versteigerung der ehemaligen Marinebasis von Key West im Jahr 1986 dürfte einer der lohnenswerteren Immobiliengeschäfte des 20. Jh. gewesen sein: 17 Mio $ hat ein Investor seinerzeit für das Areal in bester Lage gezahlt, auf dem heute rund 300 Wohneinheiten stehen. Gut vier Jahrzehnte zuvor hat Präsident Harry S. Truman dem Anwesen zu einiger Bekanntheit verholfen, als er zwischen 1946–52 insgesamt 175 Tage seiner Präsidentschaft dort verbrachte. Vor allem am Anfang waren es Tage der Erholung für den gesundheitlich angeschlagenen Staatschef, der nach der Übernahme der Amtsgeschäfte von F. D. Roosevelt die Atombombenabwürfe von Hiroshima und Nagasaki zu verantworten hatte.

Bald jedoch wusste sich der Demokrat an den Rhythmus der Insel anzupassen. Inklusive der passenden Freizeitkleidung und einer Passion für das Fischen – was ihm auf den Keys bis heute viele Sympathien zuträgt: Er gilt als »Truman the human«. In dem keineswegs übertrieben pompösen Haus sind einige Räume so erhalten, wie sie auch Truman erlebt hat, darunter der Salon mit Piano und Heimkino sowie der Raum mit dem Pokertisch. Ein Muss für historisch interessierte Zeitgenossen, zumal die Guides formidabel sind.

111 Front Street | Tel. 30 52 94 99 11 | www.trumanlittlewhitehouse.com | tgl. 9–16.30 Uhr | Eintritt 15 $, Senioren 13 $, Kinder (5–12 J.) 4,50 $

❺ Mel Fisher Maritime Museum

Die Gewässer Floridas sind wegen der Riffs und der Hurrikans voller Fallstricke für die Schifffahrt. Der Schatzsucher Mel Fisher (1922–1998) hatte sich darauf spezialisiert, Schiffswracks der spanischen Konquistadoren zu bergen. In dem nach ihm benannten Museum sind die Fundstücke aus diversen Epochen ausgestellt.

200 Greene Street | Tel. 30 52 94 26 33 | www.melfisher.org | Mo–Fr 8.30–17, Sa, So 9.30–17 Uhr | Eintritt 15 $, Studenten 12,50 $, Kinder 5 $

ÜBERNACHTEN
❻ Cypress House Hotel ▸ S. 23

ESSEN UND TRINKEN
RESTAURANTS
❼ Nine One Five

Neoamerikanische Küche – Das zweistöckige Holzhaus mit der umlaufenden Veranda ist der charakteristische Baustil für Key West. Das Nine One Five hat sich für ein solches Domizil entschieden, um gehobenen kulinarischen Ansprüchen gerecht zu werden. Gut und gediegen.

915 Duval Street | Tel. 30 52 96 06 69 | www.915duval.com | tgl. 18–23 Uhr | €€€

BARS
❽ Green Parrot

Etwas abseits gelegen und daher vor unerwünschter Überfüllung weitgehend sicher, hat der »Grüne Papagei« unter Einheimischen und Key-West-Kennern die unangefochtene Führungsposition in der Bar-Hitparade übernommen. Das Establissement ist unaufgeregt karibisch. Zum Programm gehören Hurrikan-Partys und Poetry-Slams. Und ja, Livemusik gibt es auch.

601 Whitehead Street | Tel. 30 52 94 61 33 | www.greenparrot.com | tgl. 10–4 Uhr

Am südlichen Ufer von Key West (▶ MERIAN TopTen, S. 90), auf der Atlantikseite, liegt Higgs Beach. Vom weit ins Meer hineinragenden Steg können Meeresbewohner beobachtet werden.

9 Sloppy Joe's

Wer den Mythos Ernest Hemingway kennt, dem ist sicher auch Sloppy Joe's ein Begriff. 1933, nach dem Ende der Prohibition, pflegte »Papa« in dem Lokal seine Drinks zu sich zu nehmen. Zu Beginn allerdings befand sich die Stammkneipe des Schriftstellers noch an einer anderen Adresse, nämlich in der Green Street. Erst 1937, also kurz bevor Hemingway weitergezogen ist, erfolgte der Umzug in die heutige Location. Anhand des Lokals lässt sich die Entwicklung Key Wests gut nachzeichnen: Sloppy Joe's besitzt zwar immer noch eine gewisse Aura, aber die Drinks sind mittelmäßig und die Musik altmodisch, rockig und mau. Underground sieht anders aus – vor allem wenn der Laden tagsüber zur »Druckbetankung« von Tagestouristen dient.

201 Duval Street | Tel. 305 29 45 717 | www.sloppyjoes.com | Mo–Sa 9–4, So 12–4 Uhr

KULTUR UND UNTERHALTUNG

10 Tropic Cinema

Auf dem Luftschacht vor diesem kleinen Programmkino steht eine Monroe-Statue mit wehendem Rock. Eine charmante Begrüßung, die im Falle eines längeren Aufenthalts in Key West durchaus mit dem Besuch einer Vorstellung belohnt werden darf.

416 Eaton Street | www.tropiccinema. com | Ticket 9,50 $

SERVICE

AUSKUNFT

Fremdenverkehrsamt der Florida Keys

www.fla-keys.de

Im Fokus
Die Everglades ✪ –
ein bedrohtes Paradies

Der Everglades-Nationalpark ist ein einzigartiger Lebensraum.
Doch der enorme Siedlungsdruck und die Landwirtschaft gefährden
das »Meer aus Gras«. Ein von den Behörden groß angelegtes
Instandsetzungsprogramm soll hier Abhilfe schaffen.

Die Versuchung ist groß, die Everglades falsch einzuschätzen. Durch das viele Wasser, das stillzustehen scheint, wirkt das ganze Gebiet zwischen Miami, Naples, Orlando und der Golfküste wie ein riesiger Sumpf mit vielen kleinen Inseln. Tatsächlich aber ist der Nationalpark Teil ein komplexen Ökosystems, das auf das Klima Südfloridas und seine Topografie zurückgeht: Vor allem die Südhälfte des Staates ist mit bis zu 1500 mm Regen pro Quadratmeter nicht nur sehr niederschlagsreich, sondern auch ausgesprochen flach.

Durch diese Kombination ist in Zentralflorida mit dem Lake Okeechobee über die Jahrtausende der zweitgrößte Binnensee der USA entstanden. Mit fast 1900 qkm Oberfläche ist er doppelt so groß wie Berlin. Der See ist durchschnittlich nur drei Meter tief – und er verfügt über keinen nennenswerten Abfluss. Genau hierdurch sind die Everglades entstanden, denn die Wassermassen bewegen sich mit der kaum wahrnehmbaren Ge-

◀ Es ist ein großes Naturerlebnis, die Inselwelt der Everglades per Boot zu erkunden.

schwindigkeit von nur einem Meter pro Stunde in Richtung Süden. Streng genommen sind die Everglades ein bis zu 60 km breiter Fluss, der je nach Ort und Jahreszeit zwischen 10 und 25 cm tief ist. Aus dem Wasser ragen unendlich viele kleine Inseln hervor. Lediglich im weniger niederschlagsreichen Winter trocknen einige Landstriche. Sonst präsentieren sich die Everglades als das, was die Ureinwohner Amerikas als »Pa-hay-okee« bezeichnen, ein Meer aus Gras.

Das klingt fruchtbar und wild zugleich. Und tatsächlich ist der Nationalpark ein Lebensraum, der einer großen Vielzahl gefährdeter Arten einen Rückzugsort bietet. Die Zahl der Säugetierarten beläuft sich auf über 40, hinzu kommen mehr als 50 verschiedene Reptilienarten, außerdem etwa 350 Vögel- und 300 Fischarten. Die Vielfalt der Pflanzenwelt ist mit mehr als 2000 Sorten ebenfalls enorm. Man schätzt, dass 50 von ihnen ausschließlich in den Everglades wachsen.

DROHENDE SCHIEFLAGE IN DER NAHRUNGSKETTE

Die bekanntesten Bewohner sind die Alligatoren, die mittlerweile wieder in jedem Süßgewässer südlich einer gedachten Linie von North Carolina bis Louisiana vorkommen können. Die Population ist groß und nach heutigem Stand nicht gefährdet – was für das Ökosystem von großer Bedeutung ist, denn die Alligatoren sind die einzigen natürlichen Feinde des bis zu 3 m langen Knochenhechts (»Florida Ger«), der sich wiederum von den Eiern anderer Fische ernährt. Gäbe es zu viele von den Raubfischen, würde das nach Meinung der Park Ranger schnell für eine erhebliche Schieflage der Nahrungskette sorgen.

Häufig gesehene Bewohner sind auch weiße Ibisse, schwarze Kormorane, blaue Kanada-Reiher und verschiedene Geierarten. Eine Augenweide ist der Schlangenhalsvogel, den die Amerikaner »Aningha« nennen. Seinen Namen trägt er nicht zu unrecht, da er bei der Jagd auf Fische seinen Hals erstaunlich strecken kann. Auch die einzigen wildlebenden Flamingos gibt es hier. Schildkröten sind gar so zahlreich, dass sie kaum für Aufsehen sorgen – außer wenn sie in Kolonne auf einem Baumstamm sitzen.

Um viele traditionelle Bewohner der Everglades aber ist es nicht gut bestellt. Am dramatischsten ist die Lage wohl für den Florida-Panther, dessen Revier zwei weitere Schutzzonen umfasst: Big Cypress National Preserve und das Florida Panther National Wildlife Refuge. Sein Bestand wird auf nur noch 150 bis maximal 200 Tiere geschätzt. Zunächst ist die grazile Raubkatze während der Besiedlung Floridas gnadenlos gejagt worden. Seit Jahrzehnten gefährdet zudem der Autoverkehr die Existenz der nachtaktiven Tiere: Jedes Jahr verenden rund ein Dutzend Panther bei Kollisionen mit Autos. Verkehrsschilder, die zu umsichtigem Fahren auf den wenigen Highways mahnen, werden weithin ignoriert. 1989 starb zudem erstmalig ein Tier an einer Quecksilbervergiftung – als Ursache für die hohe Belastung der Everglades durch Schwermetalle wurden »multiple Umweltsünden« ausgemacht.

BEDROHUNG DER MANATEES

Nicht viel besser sieht die Lage für die Manatees aus. Die Rundschwanz-seekühe mit dem gutmütigen Blick und der putzigen Atemtechnik sind indes in den Everglades besser aufgehoben als andernorts, weil hier nur wenige Boote unterwegs sind. Deren Schrauben sind die Hauptverlet-zungsursache der Meeressäuger. Von den letzten 5000 ihrer Art gibt es kaum welche, die keine durch Kollisionen verursachte Narben haben. Die Lage der korpulentesten Bewohner ist dramatisch – und damit exempla-risch für den Gesamtzustand der Everglades, die seit 1947 den Status eines Nationalparks genießen. Denn so groß das Schutzgebiet auch sein mag, so vielfältig sind auch die Gefahren. Schon lange bevor Präsident Harry Truman den Park ins Leben rufen konnte, hatte in Teilen des Areals eine systematische Trockenlegung und Abzweigung des Wassers begonnen. Mit der Folge, dass das Ökosystem massiv ins Wanken geraten ist.

FELDER UND SIEDLUNGEN BIS AN DIE PARKGRENZE

Wer einem weiteren Negativeinfluss auf die Spur kommen möchte, muss sich bloß Satellitenaufnahmen der nördlichen Everglades ansehen. Süd-lich von Lake Okeechobee entfaltet sich eine riesige Agrarwirtschaftsflä-che von rund 40 mal 100 km. Die hier eingesetzten Pestizide und Chemi-kalien werden mit dem Wasser in Richtung Everglades gespült.

Auch die Zivilisation rückt dem Everglades Nationalpark gefährlich nahe. Der Bevölkerungsdruck im mittlerweile rund sechs Mio. Einwohner zäh-lenden Großraum Miami/Fort Lauderdale ist so groß, dass die vornehm-lich aus großzügigen Privathäusern und Villen bestehenden Siedlungen fast nahtlos in den Park übergehen. Der Anblick entsprechender Aufnah-men aus der Vogelperspektive ist geradezu gespenstisch.

An der Westküste ist der Raumbedarf nicht minder groß. Auch hier gilt: Jeder bewohnbare Quadratmeter wird bebaut. Am drastischsten ist das auf Marco Island zu sehen, wo die Bettenburgen für die Touristen fast bis in die Mangrovenwälder hinein gebaut wurden.

Nüchtern betrachtet ist der Tourismus auch nicht gerade förderlich. Zwar ist der Nationalpark nur sporadisch zugänglich. In der Saison aber sind die Parkplätze der Portale zuweilen so überlastet, dass die Naturfreunde ihre Wagen an den Highways parken müssen. Mehr als 1,1 Mio. Besucher wollen die Schönheit der Everglades Jahr für Jahr erfahren – und da sind nicht jene mitgezählt, die sich lediglich bis zum Tamiami-Highway vorwagen. Als wäre all das nicht genug, sehen sich die heimischen Tiere neuerdings durch eingeschleppte Arten bedrängt, die keine natürlichen Feinde haben. So ist im Park eine regelrechte Pythonplage entstanden. Die Würgeschlangen werden in mühsamer Arbeit von Park Rangern gejagt.

RETTUNG DURCH RENATURIERUNG

Dies alles bedeutet nicht, dass es in den USA keine Sensibilität für die bedrohliche Lage gäbe – schließlich fungiert das »Meer aus Gras« auch als Barriere, die vor Hurrikans schützt. Um die Probleme in den Griff zu bekommen, wurde 2000 ein Masterplan verabschiedet, der »Comprehensive Everglades Restoration Plan« (CERP). Das wesentliche Ziel liegt darin, das Wasser so weit wie möglich wieder in seine natürlichen Bahnen zu lenken. Nur wenn die Entnahme oder der wirkungslose Abfluss in die Meere nachhaltig gestoppt wird, ist das schwer angeschlagene Ökosystem der Everglades noch zu retten.

Der Plan ist auf eine Dauer von zunächst 30 Jahren ausgelegt und umfasst ein Budget von rund 10 Mrd. $. Vor allem die außerhalb der Parkgrenzen erforderlichen Renaturierungsmaßnahmen sind immer wieder Gegenstand politischer Streitereien. Die Interessen in Südflorida sind eben vielfältig – und die Ziele der verschiedenen Gruppen laufen diametral auseinander. Die einen stehen für radikalen Naturschutz, die anderen für maximale Ausbeutung und damit für Zerstörung.

Schon 2007 hat der Journalist Michael Grunwald in seinem Buch »The Swamp« vor den Folgen einer irreparablen Zerstörung gewarnt. Dort hat er auch die Unterhaltung zweier Golfer erwähnt, die sinngemäß folgenden Inhalt hatte: »Die Natur«, sagte der eine »wird überbewertet«. »Ja«, antwortete der andere, »aber wir werden sie vermissen«. Viel besser könnte das Problem nicht auf den Punkt gebracht werden.

Experten sind sich schon lange darüber einig, dass die Entwicklung der Everglades von richtungsweisender Bedeutung für die Zukunftsfähigkeit ganz Floridas sein wird.

ORLANDO UND
DIE WELTRAUMFAHRERKÜSTE

Orlando ist die Touristen-Hauptstadt der USA. Jährlich kommen über 60 Mio. Menschen, um in die Fantasiewelt der Vergnügungsparks einzutauchen. Auch die einzigartigen Weltraum- impressionen an der »Space Coast« sind ein Besuchermagnet.

Das opulente Grün Südfloridas scheint bis weit hinein in den urbanen Raum zu wuchern. Selbst im Zentrum ist eine Verdichtung der Bebauung kaum zu erkennen. Dennoch ist Downtown Orlando inzwischen mehr als das Alibi einer Innenstadt: Wohnblocks ragen in den Himmel, es gibt eine Ausgehstraße, einige Geschäfte, einen dekorativen See, und die Halle, in der das NBA-Team der Orlando Magic spielt. Ein verwirrendes Geflecht von Autobahnen und Ausfallstraßen führt vorbei an einer unendlichen Vielzahl an »Strip Malls«. Dahinter verbergen sich die Wohngebiete – der Großraum Orlando beherbergt schließlich über zwei Mio. Menschen. Dies alles wäre denkbar unspektakulär, würde Orlando nicht den Titel der »fun capital of the world« für sich beanspruchen. Um dies zu bewei-

◀ Wasserfontänen in wechselnden Farben
verzaubern Orlandos Skyline (▶ S. 105).

Die Nordost-
küste

Der Nordwesten

Orlando

Die Golfküste

Der Großraum
Miami

Die Südspitze

sen wurden kürzlich zwei Proban-
den auf Reisen geschickt. Ihre
Mission: Alle Attraktionen in allen
Vergnügungsparks der Stadt zu besuchen und zu testen. Eine wahre
Herkulesaufgabe, die 67 Tage in
Anspruch genommen hat.
Neben Disney, Universal Studios
und Seaworld, die mit ihren klang-
vollen Namen und opulenten Werbe-Budgets auch in Europa um Besucher buhlen, breitet sich in der Stadtwüste Orlando eine gigantische
Vielzahl von Themenparks mit ganz unterschiedlichen Spielarten und
Allüren aus. Viele sind hochtechnisiert, manche herrlich altmodisch und
geradezu morbide. Einige leben von großen Namen, andere überraschen
mit intelligenten Entwicklungen. Ein Angebot, das unter dem Strich amerikanischer nicht sein könnte – und dessen Sondierung nur eines ganz
gewiss nicht zulassen sollte: die pauschale Ablehnung.

URBANE GLÜCKSELIGKEIT IM NORDOSTEN

Still und leise hat sich im Nordosten ein Viertel herausgeputzt, in dem
sich Europäer spontan daheim fühlen. Mit Straßen, an deren Seiten sich
kleine Boutiquen ausbreiten, und mit Bordsteinen, auf denen die Stühle
von Cafés und Restaurants zum Verweilen locken. Winter Park nennt
sich das Ende des 19. Jh. gegründete Quartier mit heute knapp 30 000
Einwohnern – in merkwürdiger Verkennung der klimatischen Realität
und als würde es sich auch hierbei um eine Scheinwelt handeln.
Auch diese kleine Insel urbaner Glückseligkeit allerdings ändert am Ende
nichts an einer Weisheit, die unter den Einheimischen zu einem geflügel-
ten Wort avanciert ist: Egal von welchem Punkt in der Stadt führen am
Ende alle Wege doch zu jener touristischen Weltmacht, durch die der
Aufstieg Orlandos erst möglich wurde: zum Walt Disney World Resort
und seinen sechs (!) Themenparks.
Diesen Eindruck wird der Besucher erst dann wieder los, wenn er sich
der »Space Coast« (Weltraumfahrerküste) nähert. Hier, an der mitunter
rauen Atlantikküste, nur 45 Autominuten östlich von Orlando, wartet mit
dem Kennedy Space Center (▶ S. 112) noch ein letztes Highlight.

DISNEY WORLD 🔷 H 5

Stadtplan ▶ S. 101

Perfekte Illusionen und makellose Inszenierungen sind das Metier von Walt Disney World, dem mutmaßlich bekanntesten und unumstritten meistbesuchten Vergnügungspark der Welt. Das Paralleluniversum befindet sich im Südwesten des Großraums Orlando, unweit eines Städtchens namens Celebration, dessen programmatisch freudiger Name ein sicherer Hinweis darauf ist, dass es sich auch hierbei um ein Produkt aus dem Hause Disney handelt.

Das gesamte Areal breitet sich auf rund 100 qkm aus. Inoffizielle »Hauptstadt« ist und bleibt Magic Kingdom, vor allem aus Kindersicht der idealtypische Inbegriff aller Disney-Aktivitäten. Für Erwachsene deutlich interessanter ist Epcot, eine kleine Reise um den Globus und zugleich ein Trip in die Zukunft. Animal Kingdom derweil kombiniert einen Zoo-Besuch mit einem Safari-Erlebnis und Fahrgeschäften. Die Hollywood Studios sind Disneys Antwort auf die Universal Studios. Alle vier Parks werden in der Logik der Betreiber als gleichwertige Erlebnisse angepriesen, für die es jeweils einen vollen Tag einzuplanen gelte.

Hinzu kommen noch die beiden Wasserparks Typhoon Lagoon und Blizzard Beach. Und nicht zu vergessen die Einkaufsstadt Downtown Disney, wo sich eher hochpreisige Hamburger-Restaurants, Spielzeug-Giganten sowie weitere Show-Spezialisten zur weiteren Strapazierung des Urlaubs-Budgets anbieten. Unter dem Strich, so die Kalkulation, Stoff für eine ganze Ferienwoche in einem beispiellosen Ensemble. Eine Ersatzwelt, deren Ursprünge in Fantasie und Kreativität liegen, die aber angesichts von mehr als 50 Mio. Besuchern pro Jahr (in allen sechs Parks) zugleich Ausdruck enormer logistischer Fähigkeiten und eines gigantischen Geschäftssinnes geworden ist.

Wer nicht in einem der Hotels auf dem Resort nächtigt, muss mit dem Auto anreisen. Das Parken kostet 17 $ pro Tag. Viele Hotels bieten zu festgelegten Zeiten einen Shuttle an.

1675 North Buena Vista Dr., Lake Buena Vista | Tel. 407 939 5277 | www.disney world.com | tgl. 9–24 Uhr

SEHENSWERTES

1 **Park 1: Magic Kingdom**

Fröhliche Geschichten, fidele Klänge und Einblicke in fantastische Welten. Mit dieser Formel versteht es der Disney-Konzern seit Jahrzehnten, die Menschen in seinen Bann zu ziehen. Und trotz einer technologisch immer anspruchsvoller werdenden Gegenwart ist und bleibt das 1971 eröffnete Magic Kingdom das Aushängeschild des Spaßuniversums von Walt Disney.

Der Eintritt erfolgt direkt über »Main Street, USA«, dem Nachbau der Vorzeigehauptstraße einer amerikanischen Kleinstadt, die in Realität durch die Shoppingmall-Kultur schon fast ausgestorben schien, ehe sie punktuell ein kleines Comeback feiern konnte. Historische Geschäftsfassaden, Pastellfarben und die Dauerbeschallung mit jahrmarktkompatiblen Melodien stehen für eine heile Welt. Eine nostalgisch aufgeladene Illusion, die sich rein optisch vom Orlando des 21. Jh. nicht deutlicher unterscheiden könnte. Sehr real hingegen sind die (Disney-)Produkte und Leckereien, die in den Ge-

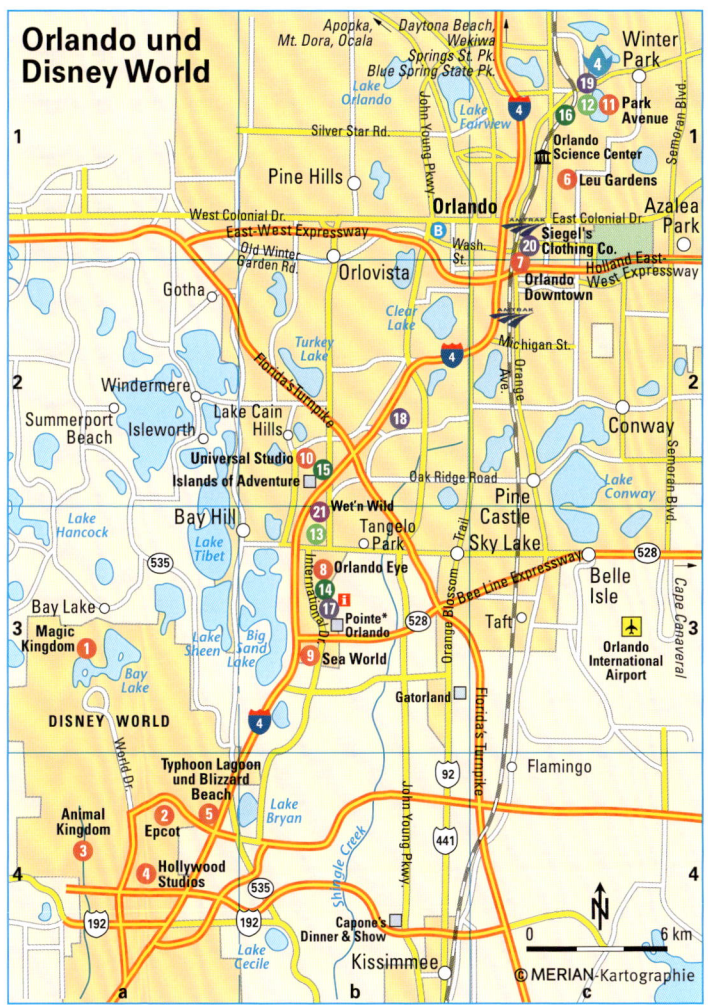

Orlando und Disney World

Apopka, Mt. Dora, Ocala

Daytona Beach, Wekiwa Springs St. Pk. Blue Spring State Pk.

Winter Park

Lake Orlando

Lake Fairview

Silver Star Rd.

Pine Hills

Orlando

Park Avenue

Orlando Science Center

Leu Gardens

West Colonial Dr.

East-West Expressway

East Colonial Dr.

Azalea Park

Old Winter Garden Rd.

Orlovista

Wash. St.

Siegel's Clothing Co.

Orlando Downtown

Holland East-West Expressway

Gotha

Clear Lake

Turkey Lake

Michigan St.

Windermere

Lake Cain Hills

Orange Ave.

Summerport Beach

Isleworth

Conway

Universal Studio

Islands of Adventure

Oak Ridge Road

Lake Conway

Lake Hancock

Bay Hill

Lake Tibet

Wet'n Wild

Tangelo Park

Pine Castle

Sky Lake

Belle Isle

Cape Canaveral

International Dr.

Orlando Eye

Bee Line Expressway

Bay Lake

Pointe* Orlando

Taft

Orlando International Airport

Magic Kingdom

Lake Sheen

Big Sand Lake

Sea World

DISNEY WORLD

Gatorland

Bay Lake

Typhoon Lagoon und Blizzard Beach

Lake Bryan

Flamingo

Animal Kingdom

Epcot

Hollywood Studios

Shingle Creek

John Young Pkwy.

Capone's Dinner & Show

Kissimmee

Lake Cecile

0   6 km

© MERIAN-Kartographie

---

schäften angeboten werden. Am Ende der Main Street baut sich der nächste Blickfang auf: Der Nachbau von Schloss Neuschwanstein ist Ausdruck des nordamerikanischen Urbedürfnisses nach Grandezza und Historizität.

Kein Wunder also, dass dieses Bauwerk Mickey Mouse, Donald Duck und anderen klassischen Disney-Figuren zugleich als Bühne für eine perfekt einstudierte Show und als Requisite für das tägliche Feuerwerk dient. Auch eine minutiös durchgetaktete Parade, die einem bunten Karnevalszug nicht unähnlich ist, nutzt das bei Dunkelheit sanft illuminierte Märchenschloss als prächtige Kulisse.

Wollen Sie's wagen?

In einer Achterbahn durch einen völlig dunklen Kunstberg zu rasen, ist die eine Sache, in einem Raketensimulator zu sitzen, oder viel mehr zu hängen, ist eine andere: Nach einer kurzen Instruktion werden die Raumfahrer zu viert in eine Kabine befördert, wo sie binnen Minutenfrist abheben. Druck, Geschwindigkeit, Optik und Geräuschkulisse werden so realistisch simuliert, dass die Illusion eines Aufbruchs greifbar wird. Nichts für schwache Nerven.

Jenseits dieses Fixpunktes breitet sich das »Magische Königreich« in alle Richtungen aus – inhaltlich wie auch geographisch. In den einzelnen Vergnügungsabteilungen werden die amerikanische Siedlungsgeschichte (»Frontier«), Ideale (»Liberty«) und globale Zukunftsvisionen (»Tomorrowland«) thematisiert – mit der erfolgreichen Melange aus gekonntem Kulissenbau, rasanten Fahrgeschäften, Show-Elementen und Begegnungen mit »zum Leben erweckten« Disney-Figuren.

Kritische Geister werden sich ihre eigenen Gedanken machen: Auf manche mag der Park ein wenig angestaubt wirken. Andere dürften bemängeln, dass die Wartezeiten vor den einzelnen Attraktionen zuweilen bei über einer Stunde liegen. Auch die Eintrittspreise sind gepfeffert. Nicht zuletzt gilt im Magic Kingdom absolute Abstinenz: Anders als im Nachbarpark Epcot wird Alkohol in der »heilen Welt« nicht geduldet.

Die leisen Zweifel an der Magie des Königreichs freilich werden Kinder nur wenig beeindrucken. Sie alle werden rufen, den größten Tag ihres Lebens gehabt zu haben. Dieses Gefühl zu erzeugen ist das Kerngeschäft von Disney. Sie haben es perfektioniert.

🕐 Gut besucht ist Walt Disney World immer. Besonders überlaufen sind die Parks aber während der amerikanischen Schulferien und an Wochenenden. An einem Dienstag, Mittwoch oder Donnerstag im Frühling und Herbst sind die Schlangen am kürzesten und die Temperaturen am angenehmsten.

Anfahrt ausschließlich per Monorail oder Boot von den Parkplätzen, von anderen Disney-Resorts oder von den Hotels auf dem Areal | www.disneyworld.disney.go.com | Tagesticket 105 $, Kinder (3–9 J.) 99 $ | Entfernung von den Hotels am International Dr. etwa 25 km

② Park 2: Epcot

Der Name für Disneys zweiten großen Themenpark mag etwas kryptisch anmuten. Die Abkürzung steht für »Experimental Prototype Community of Tomorrow« – aber sie ist anhand der Biographie Walt Disneys leicht zu erklären: Dieser verstand sich nicht nur als Pionier der Unterhaltungsbranche, sondern auch als Visionär der amerikanischen Gesellschaft, zu dessen großem Ehrgeiz die Schaffung der perfekten Kleinstadt gehörte.

Der posthume Versuch seiner Firma, diese Vision des Gründers in die Tat umzusetzen, scheiterte allerdings in der nahen Kleinstadt Celebration. Als Vergnügungspark hingegen ist Epcot vor allem für Erwachsene die Attraktion schlechthin. Als Wahrzeichen dient eine überdimensionierte Kugel, die von der äußeren Struktur eher einem Golfball denn einem Globus gleicht. Darin verbirgt sich zugleich eine der meistbesuchten Attraktionen: »Spaceship Earth«, ein symbolisch zum Raumschiff gewordener Planet Erde, der gemächlich durch die Zeit reist.

Wie kleine Monde sind in einer gedachten Umlaufbahn von »Planet Earth« Attraktionen platziert, die einen Ausblick auf die tatsächliche und mögliche Entwicklung der Technologie geben. Dieser dynamische Teil von Epcot setzt auf Geschwindigkeitsrausch und Sensation – unter anderem in Form einer Auto-Rennstrecke und der Simulation eines Raketenstarts.

Größer und bedeutend bedächtiger ist das Areal der Länderpavillons, die in Anlehnung an die großen Weltausstellungen vergangener Tage rund um ein Gewässer drapiert sind. Hier können sich Amerikaner vorsichtig an das Reisen in andere Länder gewöhnen. Bei der Präsentation der ausgewählten Nationen macht sich allerdings eine gewisse Neigung zum Klischee bemerkbar. Dafür brechen aber Spezialitäten aus den jeweiligen Ländern mit dem ansonsten in den Themenparks unvermeidlichen Speisekartenmonopol der Burger und Hot-Dogs.

Deutschland erscheint hier als das Land wuchtiger historischer Fassaden, die rudimentär an Heidelberg erinnern. Eine Nation, deren Grundnah-

Stylisher Eingang zu Mission Space im High-Tech-Themenpark Epcot (▶ S. 102). Hier warten die Besucher darauf, einen simulierten Marsflug zu erleben.

rungsmittel Bier, Bratwurst, Glühwein und Kraut sind und in der auch Studenten das Haus vorzugsweise nicht ohne Dirndl oder Lederhose verlassen.

Anfahrt ausschließlich per Monorail oder Boot von den Parkplätzen, von anderen Resorts oder den Hotels auf dem Areal | www.disneyworld.disney.go.com | Tagesticket 97 $, Kinder (3 – 9 J.) 91 $

③ Park 3: Animal Kingdom

Die Doppelnutzung als Tiergarten und Vergnügungspark mit Fahrgeräten mutet ein wenig seltsam an. Doch in den Busch Gardens in Tampa (▸ S. 120) hatte die Konkurrenz mit dem Konzept großen Erfolg. Also hat Disney 1998 eine passende Antwort gegeben. Mehr als 10 Mio. Menschen finden seitdem Jahr für Jahr den Weg in den weltweit flächenmäßig größten Disney-Park. Genug für Platz vier in den USA. Sym-

---

Wollen Sie's wagen?

Ein See und viele Grünflächen. Dazu führende Restaurantketten, Entertainment auf Leinwänden, Bühnen und Theatern. Und jede Menge Shopping-Stationen. Wer Kitsch und Kommerz mag, ist in Downtown Disney gut aufgehoben. Immerhin kostet das Betreten der Kapitale des Disney-Reiches keinen Eintritt.

---

boltträchtiger Blickfang ist der 40 m große Baum des Lebens, in dessen Rinde die Bewohner des Planeten verewigt sind. Zu den beliebtesten Attraktionen des Parks zählen die »Kilimandscharo-Safari« durch das Imitat der afrikani-

schen Savanne und die »Expedition zum Mount Everest«, eine Achterbahnfahrt durch ein Pappmaché-Gebirge. Gelegentliche Begegnungen mit den einschlägig bekannten Mitgliedern der Disney-Familie gehören auch hier zum Park-Programm.

Anfahrt per Disney-Bus oder mit dem eigenen Pkw | www.disneyworld. disney.go.com | Tagesticket 97 $, Kinder (3–9 J.) 91 $

④ Park 4: Hollywood Studios 👫

In Orlando könnte der Besucher glatt vergessen, dass es nicht die Vergnügungsparks waren, mit denen Walt Disney die Bühne des Show-Geschäfts betreten hat. Den 1989 eröffneten Hollywood Studios ist es vorbehalten, der Film-Branche zu huldigen. Dazu gehören ein Nachbau von Grauman's Chinese Theatre, dessen Original sich in Los Angeles befindet, Begegnungen mit Indiana Jones, der Monster AG oder der Besuch des »Pizza Planet«, einem Restaurant, das aus der »Toy Story« bekannt ist. Auch können sich Kinder im Alter von vier bis zwölf Jahren hier zum Jedi-Ritter ausbilden lassen. Unterhaltung für die ganze Familie, die jedoch neben den Universal Studios ein wenig verblasst.

www.disneyworld.disney.go.com | Tagesticket 97 $, Kinder (3 – 9 J.) 91 $

⑤ Parks 5 und 6: Typhoon Lagoon und Blizzard Beach

Zwei Wasserparks runden das Portfolio des Vergnügungskosmos Disney ab. Typhoon Lagoon setzt auf prachtvolle Badelandschaften, die von Fantasiekulissen eingerahmt sind. Für die nötige Action sorgen feuchtfröhliche Fahrge-

Harry P. Leu Gardens (▶ S. 106) ist eine botanische Oase mitten in Orlando und begeistert seine Besucher zu jeder Jahreszeit mit blühenden Pflanzen und Bäumen.

schäfte, angesichts von jeweils zwei Millionen Besuchern pro Park und Jahre erfordern die Wartezeiten jedoch einen zuverlässigen Sonnenschutz. Ähnlich sieht es in Blizzard Beach aus, wo die Kulisse bizarr und gerade deshalb hervorragend gelungen ist: Sie besteht aus einer geschmolzenen Wintersportlandschaft inklusive Sprungschanze. Ein guter Garant für surreale Badefotos.

Von November bis Februar ist jeweils einer der Parks geschlossen | www. disneyworld.disney.go.com | Tagesticket 58 $, Kinder (3–9 J.) 50 $

ORLANDO ⚑ J 4

Stadtplan ▶ S. 101
238 000 Einwohner, Großraum 2,1 Mio.

Nach Jacksonville, Miami, Tampa und St. Petersburg ist Orlando die fünftgrößte Stadt Floridas. Als sie 1875 das Stadtrecht verliehen bekam, lebten in dem Dorf gerade einmal 85 Einwohner. Der eigentliche Aufschwung begann in den 1960er-Jahren mit den ersten Bauten für das Disney World Resort. Nach und nach siedelten sich zahlreiche Großunternehmen der Unterhaltungsindustrie an und die Parks wurden sukzessive erweitert.

Willkommen auf Marvel Super Hero Island in Universal's Islands of Adventure (▶ S. 107), Orlando. Je nachdem, aus welchem Winkel man die Gebäude betrachtet, wechselt die Farbe.

SEHENSWERTES

 Leu Gardens

Die einstige Tabakfarm wurde 1936 vom Selfmade-Millionär Harry S. Leu gekauft. Der Industrielle und seine Gemahlin haben in der Folge von ihren Reisen eine beeindruckende Sammlung vor allem subtropischer Pflanzen mitgebracht, die in einem Botanischen Garten zu sehen sind. Inmitten des Anwesens befindet sich das einstige Wohnhaus der Familie – das gut konservierte Beispiel eines regionaltypischen Domizils aus dem Zeitalter vor Klimaanlage, Eisschrank und Swimmingpool. Eine Wohltat nach den hyperventilierenden Themenparks der Stadt.

🕙 Mit mehr als 2000 Kamelien beherbergt der Botanische Garten eine der größten Sammlungen in den USA. Ein unvergleichlicher Anblick, wenn diese im Januar blühen.
1920 North Forest Ave. | www.leu gardens.org | tgl. 9–17 Uhr | Eintritt 10 $, ermäßigt 3 $

7 Orlando Downtown

Die Revitalisierung der Innenstadt von Orlando darf als gelungen bezeichnet werden, aber sie ist ein fortlaufender

Prozess. Zwischen den Bürobauten haben sich Clubs, Bars und Restaurants etabliert. Am Westufer von Lake Eola ragen Hochhäuser mit ausschließlicher Wohnnutzung in den Himmel. Und östlich des Sees (eine der wenigen guten Joggingstrecken in der Stadt!) breitet sich das überschaubare Trendviertel Thornton Park mit Restaurants und Bars aus, dessen ältere Bebauung zugleich jungen Familien als Zuhause dient. Im 2010 eröffneten Amway Center spielt das NBA-Team der Orlando Magic. Kurzum: Downtown kann sich sehen lassen, ist aber nicht der Grund für den Besuch der Stadt.
www.downtownorlando.com

⑧ Orlando Eye 🚩

Die selbsterklärte Welthauptstadt des Vergnügens wartet nur darauf, erfolgreiche Konzepte zu kopieren. So war es nur eine Frage der Zeit, ehe auch dem London Eye diese Ehre zuteil wurde. Mit einer Höhe von 120 m kommt das Orlando Eye zwar nicht ganz an das Vorbild in Großbritannien heran, dennoch ist an klaren Tagen während der 30 Minuten dauernden Fahrt das Kennedy Space Center an der Atlantikküste zu erkennen. Wer mag, kann unterwegs ein Glas Champagner trinken. Vorbildlich sind die Konditionen für Rollstuhlfahrer, denn Begleitpersonen fahren kostenlos mit.
8401 International Dr. | www.official orlandoeye.com | Mo–Do 10–22, Fr–So 10– 24 Uhr | ♿ | Eintritt 25 $

⑨ Sea World 🧑‍🦽

Die Unterwasserwelt und ihre Bewohner bieten zweifelsohne guten Stoff für Entdeckungstouren. Sea World als führender Tiergarten seiner Art ermöglicht den Zugang auf vielfältige Weise: Als meditatives Erlebnis in Plexiglasröhren, als kleine Mutprobe in Form eines (Schnorchel-)Tauchgangs zwischen den Bewohnern der Discovery Cove, als Zuschauer einer Show mit dressierten Meeressäugern oder eben im Vergnügungsparkmodus, das heißt: als Passagier einer Achterbahn. Weil auch in Orlando angekommen ist, dass die Haltung von Delfinen und Walen nicht wirklich zeitgemäß ist, leistet sich Sea World gegenwärtig allerlei Kompensationsmaßnahmen wie z. B. Krankenstationen für Manatees und Meeresschildkröten. Auch in Sea World gilt, dass der Wasserpark Aquatica und die hochpreisige Discovery Cove eigenständige Parks sind.
7007 Sea World Dr. | www.seaworld parks.com | Eintritt ab 70 $ (Sea World), 95 $ (mit Aquatica), 179 $ (nur Discovery Cove)

⑩ Universal Studios 🚩

Schon wenige Minuten nach der Eingangspassage sieht sich der Besucher mit laserschießenden Kampfmaschinen konfrontiert. Nach der zeitlosen »Tour de Force« im Terminator-Simulationsstudio rollt ein glamouröses Marilyn-Monroe-Double im Cabrio vorbei. Und ein paar Potemkinsche Dörfer weiter verdingt sich Homer Simpson in seiner Heimatstadt Springfield mit einem Sixpack Duff.
So vielseitig ist die Welt des Films. Und so rasant kann sie der Besucher bei moderatem Andrang auch nacherleben. Der Park ist eine Spielwiese für Filmfreaks mit einer überzeugenden Mischung aus Hintergrundwissen, al-

berner Action-Unterhaltung und den unvermeidlichen Fahrten auf Achterbahnen und artverwandten Fahrgeschäften. Schön altmodisch ist die Wildwasserfahrt mit dem Weißen Hai (»Jaws«). Spektakulär und zugleich witzig ist die Darbietung »Disaster«, die mit Hilfe der Einspielung von Christopher Walken in die hohe Kunst des Katastrophenfilms einführt. All dies aber verblasst hinter jener Attraktion, die Universal Studios endgültig an die Spitze der Vergnügungspark-Charts gebracht hat: »The Wizarding World of Harry Potter«.

Seit Neuestem hat der berühmte Zauberlehrling nicht minder prominente Gesellschaft von Homer Simpson bekommen, der nun auch in Springfield Hydranten umfahren und sich an seinem geliebten Duff-Bier laben darf. Nicht ohne kommerzielles Kalkül ist die zur Materie gewordene Fantasiewelt der Joanne K. Rowling über beide Parks verteilt, nur das teurere Doppelticket also berechtigt zum Eintritt in beide Kulissen. Die Investition aber lohnt sich schon allein wegen der einmaligen Fahrt zwischen den beiden Bahnhöfen. Auf der Seite der Universal Studios passiert der Besucher zunächst

einen Dreifachdoppeldeckerbus und einen Schallplattenladen, ehe er in die Diagon Alley landet – eine windschiefe Märchenlandversion des Vereinigten Königreichs. Unter dem Strich ein Park, in dem alles ein bisschen origineller und liebevoller gemacht ist, als bei der Konkurrenz mit D.

In Universals Schwesternpark »Islands of Adventure« erwartet den Besucher in sechs thematisch abgetrennten Parzelle ein Spiderland-Simulator, ein atemberaubendes Katapult, das an die magischen Kräfte des unglaublichen Hulk angelehnt ist oder ein Foto-Shooting im Jurassic Park. Allerdings ist mit Hilfe der Doppeleintrittskarte auch Plan B ohne Problem möglich.

6000 Universal Blvd. | www.universalorlando.com | Eintritt 102 $ (1 Park), Kinder (3–9 J.) 97 $ oder 2 Parks für 147 $, Kinder (3–9 J.) 142 $

⑪ Winter Park und die Park Avenue

Der erstaunliche Gegenentwurf zu Orlando befindet sich in unmittelbarer Nähe am Nordrand der Stadtwüste, im Nobelviertel Winter Park: Die beliebte Einkaufsstraße Park Avenue wird von zweigeschossigen Art-déco-Bauten gesäumt, in deren Erdgeschossen sich inhabergeführte Geschäfte befinden. Auf den Bürgersteigen stehen die Tische von Cafés und Restaurants. Und die Menschen haben tatsächlich Freude daran, sich zu Fuß fortzubewegen.

Der Stadtteil ist rund um das private Rollins College entstanden, das 1885 zur ersten Hochschule Floridas gekürt wurde. Jenseits der Park Avenue breiten sich gediegene Wohngebiete aus, insbesondere an den Ufern der vielen

---

Bootstour in Orlando

In Winter Park, am Westufer von Lake Osceola, startet an einem unscheinbaren Bootsanleger eine kleines Pontonboot über die vielen Seen und Kanäle. Die Tour ist ein herrlich altmodisches Erlebnis und eine wunderbare Abwechslung zu den Kunstwelten der Stadt (▶ S. 17).

Seen stehen unzählige Prachtvillen. Winter Park verfügt sogar über einen eigenen Bahnhof, von dem Züge bis nach Miami und New York verkehren. Geht doch, Amerika!

Park Ave. | etwa 40 km oder 40 Auto-minuten nordöstl. der Hotels am International Dr. | www.experienceparkavenue.com

ÜBERNACHTEN

12 Park Plaza Hotel Winter Park

Boutique-Hotel – Die Lobby erfreut mit holzgetäfelten Wänden, die Zimmer sind behaglich eingerichtet, und es sind nur wenige Schritte bis zu den Restaurants und Bars von Park Avenue. Mit seiner europäischen Eleganz im Herzen von Winter Park ist das Park Plaza Hotel die ideale Unterkunft, wenn der Aufenthalt in der unbestritte-nen Kapitale der Fantasiewelten etwas Irdisches behalten soll. Kostenloser Internetzugang.

307 South Park Ave. | Tel. 40 76 47 10 72 | www.parkplazahotel.com | 20 Zimmer | €€–€€€

13 The Point Orlando

Zentral und zweckmäßig – Der postmoderne Hochbau mag etwas gesichts-los daherkommen. Doch die Zimmer sind groß, sauber und verfügen über eine Kochecke. Das Personal ist freundlich und einige Vergnügungs-parks (Wet n' Wild, Universal Resort) können sogar zu Fuß erreicht werden. Die Restaurants und Geschäfte am International Drive sind nah.

7389 Universal Blvd. | Tel. 86 69 94 63 09 | www.thepointorlando.com | 228 Zimmer | €€

Walt Disneys Vergnügungspark Magic Kingdom (▶ S. 100) im Lake Buena Vista ist ein Besuchermagnet. Man kann ihn auch bequem mit dem Schiff erreichen.

ESSEN UND TRINKEN

RESTAURANTS

14 Don Pablo's

Mexikanisch – In der Pfanne brutzelnde Fajitas und gefrorene Margaritas sind die Spezialitäten dieser kleinen Kette. Wie es sich für Amerika gehört, ist hier alles riesig, von der lagerhallengroßen Location über die (kostenlosen) Nachos mit Salsa bis zu den Drinks und den Hauptgängen. Gute Interpretation mexikanischer Küche.

8717 International Dr. | www.donpablos. com | tgl. 11–22 Uhr | €€

15 The Cowfish

Auf der Konsummeile – The Cowfish liegt auf der nett gestalteten Konsummeile (Universal Drive), auf dem Weg von den Vergnügungsparks zum Parkplatz. Hier geht man mit einem einzigartigen Restaurant-Konzept das kulinarische Experiment der Verschmelzung von Burger und Sushi zu »Burgushi« ein. Interessant ist auch die »Cowfish Bento Box« (Mini-Burger, Chips, Gurken und Sushi-Rollen). Bob Marley aber würde sich sicher wünschen, nie auf Erden gewesen zu sein, wenn er hier hätte speisen müssen.

6000 Universal Blvd./Universal Citywalk | Tel. 4072242275 | tgl. 11–24 Uhr | €€

16 The Ravenous Pig

Eine Institution in Winter Park – Das »ausgehungerte Schwein« steht für regionale Zutaten vor allem aus den nahen Küstengewässern, aber auch für seine leicht zu teilenden Vorspeistenteller. Spezialität des Hauses sind die Grits mit Shrimps von der Canaveral-Küste, die amerikanische Variante von Polenta. Aus dem Zapfhahn dieses Gastro-

Pubs fließen auch die Craft-Biere des Schwesterrestaurants Cask & Larder (565 Fairbanks Ave., Winter Park).

1234 North Orange Ave. | www.theravenouspig.com | Di–Do 11.30–14, 17.30–21.30, Fr, Sa 11.30–14, 17.30–22.30 Uhr | €€€

EINKAUFEN

EINKAUFSZENTREN

17 Premium-Qutlets am »I-Drive«
▸ S. 35

18 The Mall at Millennia ▸ S. 36

MODE

19 Lily Pullitzer

Die 2013 gestorbene Designerin hatte schon Jackie Kennedy ausgestattet. Ihr Faible für elegante Schnitte und sommerkompatible Farben lebt in ihrem Modelabel fort.

118 North Park Ave. | www.lillypulitzer. com | Mo–Sa 10–21, So 11–21 Uhr

20 Siegel's Clothing Co.

Alteingesessenes familiengeführtes Bekleidungsgeschäft in Winter Park, das sich gänzlich dem »Florida Lifestyle« verschrieben hat. Pastellfarbene Sakkos gehören ebenso zu diesem Chic wie hübsche, extravagant gemusterte Kleider.

330 Park Ave. South | www.siegels online.com | Mo–Sa 10–18, So 12–17 Uhr

AKTIVITÄTEN

21 Wet and Wild 👫

Schon von weitem sind die Ungetüme zu sehen, von denen sich die Gäste hier in Badekleidung herunterstürzen. Mal sind das Rutschbahnen mit rasanten Kurvenkombinationen, dann wieder geht es im Stile eines Drag-Car-Rennens um maximale Beschleunigung. Zugleich ein fast rührendes Beispiel

Im Raketen-Garten, dem »Rocket Garden« im Kennedy Space Center (▶ S. 112), ist es ein Vergnügen, zwischen historischen Raumkapseln und Raketen spazierenzugehen.

dafür, wie genügsam die Menschen doch im prädigitalen Zeitalter waren.

6200 International Dr. | www.wetnwild orlando.com | Kernöffnungszeiten 10–17 Uhr | Eintritt 57 $, Kinder (3–9 J.) 52 $

SERVICE

AUSKUNFT

Touristeninformation

Eine gute und auch ausführliche Einführung in das etwas unübersichtliche Spaßuniversum Orlando bietet die deutschsprachige offizielle Website des Tourismusbüros.

www.visitorlando.com/ge-gl

DIE WELTRAUM-FAHRERKÜSTE ◢ J 5

Als die Weltraumfahrerküste (»Space Coast«) gilt der Abschnitt zwischen Vero Beach im Süden und der Canaveral Sea Shore im Norden. Rein topografisch setzt sich hier die aus dem Süden bekannte Kombination aus Sandstränden auf vorgelagerten Inseln, Binnengewässer und wenig charakteristischem Festland fort. Alles in allem geht es an der »Space Coast« ein wenig gemächlicher zu – allerdings nur bis Cocoa Beach, der selbsterklärten Surfer-Hauptstadt Floridas. Noch ein paar

Kilometer weiter nördlich befindet sich mit Cape Canaveral eine wahrhaft historische Stätte: Hier startet die NASA viele ihrer Raketenflüge, bis 2011 sind auch die Space Shuttles hier abgehoben. Das Kennedy Space Center gestattet einen erstaunlich intimen Einblick in diese Parallelwelt.

Der knapp 70 km lange Küstenstreifen, der von NASA und Air Force genutzt wird, ist der längste nicht entwickelte Küstenabschnitt Floridas. Ein riesiges Naturschutzgebiet, in dem Meeresschildkröten noch Raum für ihre Nester finden. Auch leben hier Seeadler, Flamingos und unzählige Wasservögel.

Ziele in der Umgebung

◎ **KENNEDY SPACE CENTER** 🔖 J5

Nach einem Aufenthalt in Orlando, wo alles nur simuliert wird, mag die Rück-

kehr zur Realität gewöhnungsbedürftig anmuten. Doch das Kennedy Space Center auf Merritt Island macht Besuchern die Umstellung leicht. Zur Wahl stehen zunächst ein kurzer Rundgang durch »Rocket Garden«, wo Raketen wie Skulpturen ausgestellt sind. IMAX-Leinwände zeigen spektakuläre Bilder von den Weltraummissionen – und in einem Auditorium plaudern erfahrene Astronauten aus dem Nähkästchen.

Beeindruckend ist die Bus-Tour über das Areal. Diese führt an mobilen Abschussrampen und einer Halle zur Produktion von Trägerraketen vorbei zum Apollo/Saturn V Center. Hier wird mit einer gelungenen Multimedia-Show an die erste bemannte Mondlandung 1969 erinnert. Im benachbarten Hangar ruht in der Horizontale die 110 m lange Rakete Saturn V. Sehenswert ist auch

Fast 250 m ragt der über 50 Jahre alte Holzsteg von Cocoa Beach (▶ S. 113) ins Meer. Für den »Sundowner« eignet sich vor allem die kleine Bar am Ende.

die Galerie mit Zeitungsausschnitten vom 21. Juli 1969. Ein deutsches Boulevardblatt titelte seinerzeit: »Der Mond ist jetzt ein Ami«. Auch im Hangar sitzen nach Möglichkeit pensionierte NASA-Ingenieure und andere Zeitzeugen, die ein offenes Ohr für Fragen haben. Jüngste Attraktion ist das Gebäude, in dem das Space Shuttle Atlantis von der Decke hängt.

Bei so viel Geschichte könnte fast in Vergessenheit geraten, dass von Cape Canaveral 2017 bemannte Flüge zur Internationalen Raumstation ISS starten sollen. Genug Stoff für einen knappen Tag aufregender Weltraumimpressionen. Wer noch Zeit übrig hat, kann auf dem Rückweg die 10 km entfernte Astronaut Hall of Fame besichtigen, die im Ticket-Preis inbegriffen ist.

Merritt Island | NASA Parkway (Zufahrt nur für Pkw) | www.kennedyspacecenter.com | Sept.–April 9–17, Mai–Aug. 9–19 Uhr | Eintritt 50 $, Kinder 40 $ | Parken 10 $

◎ MERRITT ISLAND UND COCOA BEACH   🏄 J5

Im Osten das Meer, im Westen der von Delfinen und Manatees bevölkerte Banana River: Wasser und Strand sind die prägenden Elemente in Cocoa Beach. Daher reihen sich auf der langgezogenen Insel Motels und Strandresidenzen aneinander. Der Ort genießt eine gewisse Reputation als Party-Stadt, wozu die vielen Surfer einen erheblichen Beitrag leisten. Durchreisende nutzen Cocoa Beach zumeist als Ausgangspunkt für den Besuch des Kennedy Space Center. Mittelpunkt des Lebens ist der fast 250 m lange Pier aus dem Jahre 1962. Während

Angler stoisch ihrer Leidenschaft nachgehen. Bei gutem Wetter öffnet ganz vorne auf dem Pier eine kleine Bar, wo Besucher der mitunter kräftigen Brandung zusehen können. Auf dem Festland lockt in knapp 10 km Entfernung mit dem Cocoa Village eine Alternative zum Trubel: Der Ort fällt in die Kategorie »historisch«, da er im ausgehenden 19. Jh. für die zunehmende Zahl an Touristen errichtet wurde. Die meisten erhaltenen Gebäude befinden sich in der Delannoy Avenue. www.cocoabeach.com

ESSEN UND TRINKEN

Roberto's Little Havana

Authentisch kubanisch – Das unprätentiöse Lokal ist seit 1980 im Besitz der aus Kuba eingewanderten Familie. Am Herd steht der launische Bruder des Besitzers. Lediglich das kubanische Bier ist »fake« – schließlich gilt im Juni 2015 noch immer das Handelsembargo. Cocoa Beach | 26 North Orlando Ave. | Tel. 86 63 39 70 42 | www.robertos littlehavana.com | So–Do 7–15, 17–21, Fr, Sa 7–15, 17–22 Uhr | €€

EINKAUFEN

Ron Jon Surf Shop

Wer schon immer mal mitten in der Nacht Hunderte Surfboards begutachten wollte, sollte hier hinkommen: Das nach eigenen Angaben weltweit größte Fachgeschäft für Surf-Zubehör hat an 365 Tagen im Jahr 24 Stunden pro Tag geöffnet. Mittlerweile hat in nahezu jedem Strandort Floridas eine kleinere Dependance aufgemacht. Cocoa Beach | 4151 North Atlantic Ave. | Tel. 32 17 99 88 88 | www.ronjon surfshop.com | tgl. 24 Std. geöffnet

Im Fokus
Floridas Kunstwelten zu Höchstpreisen

Der Sunshine State ist mit unglaublichen Naturschönheiten gesegnet. Trotzdem halten sich viele Menschen vorzugsweise in den künstlich erschaffenen Paralleluniversen auf. Warum nur? Hier der Versuch einer Erklärung mit Aussicht auf ein Happy End.

Ob die Fantasiewelt der Schriftstellerin Joanne K. Rowling, die Heimatstadt der Simpsons oder Schloss Neuschwanstein: Was nicht existiert, wird in Florida kurzerhand erfunden oder wenigstens nachgebaut als leicht zugängliche Kunstwelt, frei von unkalkulierbaren Erfahrungen. Und im Reich der Illusionen sind sowohl Touristen als auch Einheimische bereit, hohe Eintrittsgelder zu zahlen.

Bemerkenswerterweise nimmt diese Bereitschaft trotz des schrumpfenden Zeitbudgets der einzelnen Individuen sogar eher zu als ab. Weder die Weite virtueller Welten noch eine Wirtschaftskrise von globalem Ausmaß vermochte den Besucherandrang in den Vergnügungsparks zu schmälern: Jahr für Jahr betreten mehr als 100 Mio. Menschen die Scheinwelten in und um Orlando. Und sie nehmen dafür einiges auf sich. So kostet der Eintritt in Disneys Magic Kingdom z. B. knapp über 100 $. Pro Person! Weder der im großen Nichts gelegene Parkplatz noch die zweitklassige Verpflegung sind inbegriffen. Und schlafen müssen die Besucher

◀ Große Feuerwerkshow vor Cinderella Castle in Disneys Magic Kingdom (▶ S. 100).

ja auch irgendwo – am besten natürlich in einem Themenhotel auf dem Firmengelände, wo die Motive und Charaktere der Fantasiewelten munter fortleben. Kurzum: Wer mit einer vierköpfigen Familie anreist, kann für ein Wochenende zwischen 1500 und 2000 $ berappen, ohne dabei wirklich verschwenderisch zu sein.

MITUNTER RECHT LANGE WARTEZEITEN

Das ist nur die finanzielle Seite. Auch der zeitliche Aufwand ist enorm: Wer nicht gerade im Herbst an einem Mittwoch mit Hurrikan-Warnung in einen der artifiziellen Mikrokosmen eintaucht, muss sich auf erhebliche Wartezeiten einstellen. Schilder, die vor einer Achterbahn eine 75 Minuten andauernde Geduldsprobe ankündigen, sind keine Seltenheit.

Auf Flughäfen oder Autobahnen würden die Menschen dies als Zumutung empfinden und alsbald rebellieren. Nicht so in den Themenparks Floridas. Um möglichem Frust vorzubeugen, genügt hier die Einrichtung sogenannter »fast lanes«, für die sich Besucher bei mobilen Stauberatern per iPad ohne Aufpreis registrieren lassen können. Allerdings ist das Kontingent auf die Benutzung von drei Fahrgeschäften pro Tag begrenzt. Dort muss man dann mit etwas Glück nur zehn Minuten ausharren.

GUTE-LAUNE-MUSIK IN EINER MAKELLOSEN WELT

Potenziellen Verstimmungen des zahlenden Volkes wird zudem durch die Vorspiegelung einer makellosen Welt vorgebeugt. Ohne Unterlass rieselt seichte Gute-Laune-Musik auf die Parkbesucher ein, deren Lautstärke mancherorts jedweden Gesprächsversuch unterbindet. Zudem sind die uniformierten Bediensteten der Parks von ihren Arbeitgebern darauf konditioniert, auch beim Zehntausendsten Passagier des Tages die immer gleiche mechanische Floskel abzusondern: »Have a great day«.

Begleitet wird diese Inszenierung von der permanenten Verführung zum Geldausgeben. Die Potemkinschen Dörfer entlang der Main Street USA in Disney World sind ebenso wie die Wizarding World of Harry Potter lediglich die bonbonfarbene Hülle für unzählige Geschäfte, in denen themenbezogene Waren angeboten werden. Oft zu Höchstpreisen. Selbst die Einladung zu einem interaktiven Spiel mit irgendeinem Comic-Helden ist nur ein verkapptes Verkaufsgespräch, denn die eingesetzten Requisiten werden dem Statisten als kostenpflichtige Trophäe angeboten.

Als wäre all dies nicht genug, weht zur Schließungsstunde an den Ausgängen appetitanregender Essensgeruch durch den Park, ohne dass nur ein Restaurant zu sehen ist. Aber auch diese olfaktorische Wahrnehmung ist kein Zufall. Auf dem Rückweg zum Auto werden die Besucher – z. B. in den Universal Studios – gezielt durch eine Restaurant- und Partymeile geschleust. Hier lassen sich die Hungergefühle dann auf unterschiedlichste Weise bekämpfen. Unter anderem muss der arme Bob Marley wehrlos erdulden, dass sein Name für den Verkauf pseudo-jamaikanischer Küche missbraucht wird.

PARKPERSONAL FÜHRT STRENGES REGIMENT

Während sich die Betreiber der Kunstwelten zum Zwecke ihrer Gewinnmaximierung im Prinzip jeden noch so plumpen Unsinn erlauben können, müssen sich die Besucher mit erstaunlich wenig Freiheiten begnügen: Wer sich z. B. in den Disneyparks während einer der zahlreichen choreografierten Paraden nicht innerhalb des markierten Zuschauerbereichs aufhält, wird vom Personal brüsk zum Weitergehen aufgefordert. Im Magic Kingdom akzeptieren die Kunden zudem klaglos das auch an tropischen Abenden geltende Bierverbot.

Der Besuch eines Themenparks ist also eine ziemlich spezielle Angelegenheit. Eine logische Erklärung für das reibungslose Funktionieren des Konzepts scheint es nicht zu geben. Lässt man allerdings seine Gedanken über das Phänomen kreisen, ist es so verwunderlich auch wieder nicht.

GEBORGENHEIT IN EINER ASEPTISCHEN WELT

So haben viele Amerikaner noch nie ihr Land, geschweige denn den Kontinent verlassen. Weite Teile der Bevölkerung scheuen zudem das Fremde und Andersartige, ja sie haben regelrecht Angst davor. Und obwohl die mitunter halsbrecherischen Achterbahnen und Katapulte sicherlich eher Anlass zur Sorge um die eigene Gesundheit geben, als, sagen wir, ein Spaziergang über die Strände Arubas, verleihen Disney und Konsorten vielen Besuchern das Gefühl einer gewissen Geborgenheit.

Disneys Epcot baut auf genau diesen Effekt: Vom kanadischen Wasserfall bis zum Campanile von Venedig kann das Publikum die Verlockungen der Ferne in nachgebauten Szenen erleben – mit einem Milkshake in der Hand und auf einem eingezäunten Gelände. Die Universal Studios locken unterdessen mit Miniaturrekonstruktionen von New York und Los Angeles, allerdings ohne die windigen Gestalten, die sich an solchen Orten sonst herumtreiben. Es ist eine saubere, aseptische Welt, die nicht durch ihre Ecken und Kanten fasziniert, sondern durch die Schaffung immer neuer Superlative. Ein Bedürfnis, das im Land der unbegrenzten Möglichkeiten sozusagen in der kollektiven DNA verankert ist.

Glaubt man analytisch veranlagten Amerikanern, verbirgt sich hinter der Existenz der Kunstwelten auch ein gewisser Komplex gegenüber der »alten Welt«. Wo es nur geht, möchte man unterbewusst den Mutterkontinent Europa übertrumpfen – z. B. durch die exzessive Zurschaustellung von Wohlstand. Darum rattert die Klimaanlage immer und überall auf Hochtouren. Und darum werden Getränke in gigantischen Pappbechern mit so vielen Eiswürfeln gekühlt, dass der Konsum kaum möglich ist. Nach dem Motto: Wir haben es ja.

Gedanken dieser Art mögen ins Philosophische abdriften. Sie ändern allerdings nichts daran, dass der Hang zur Erschaffung von Kunstwelten gerade in Florida mit einem sichtbaren Gigantismus einhergeht. Man nehme nur die Shoppingmalls, die getreu der eingeschlagenen Argumentationslinie der Ersatz für die europäischen Innenstädte wären. In den USA sind das Orte, an denen es nie regnet und die 24 Stunden am Tag wohltemperiert sind.

EINE TRUMPFKARTE JAGT DIE NÄCHSTE

Wer sich vom Tragen der prall gefüllten Einkaufstüten überfordert fühlt, kann in den Konsumtempeln z. B. Parkplatz-Shuttles in Anspruch nehmen. Auch stehen in den langen Fluren Massagesessel parat, in denen Profi-Shopper die strapazierte Muskulatur für weitere Herausforderungen trimmen lassen. Warenangebot und Personenaufkommen pro Quadratmeter übersteigen ohnehin die Vergleichswerte jedes historisch gewachsenen urbanen Raums.

Für Europäer bleibt die Existenz der ganzen Ersatzwelten auch insofern verstörend, als Florida doch so viel zu bieten hat. Die Strände! Die State Parks! Die Sumpflandschaften! Oder South Beach Miami! Doch es bleibt Hoffnung. Schließlich blicken die meisten Orte auf eine Zivilisationsgeschichte zurück, die nicht viel älter als 100 oder 125 Jahre ist. Und je reifer der Sunshine State wird, umso abgeklärter wird er auch. Die Investitionen in Kultur, Gastronomie und – mit einigen Abstrichen – auch in die Renaturierung ausgesuchter Landstriche, sind enorm. Unter dem Strich ist nicht auszuschließen, dass sich Florida eines nicht so fernen Tages sogar von seinen Kunstwelten emanzipieren kann. So wie es in weiten Teilen Miamis bereits passiert ist. Hier findet das Leben immer mehr auf der Straße statt. Und da ist gut so.

DIE GOLFKÜSTE – VON TAMPA BAY BIS NAPLES

Zwischen der Tampa Bay und Naples breiten sich die Ferienorte der Golfküste aus. Bislang waren die mit Traumstränden gesegneten Inseln stets die Hauptargumente für einen Besuch. Nun werden auch die Städte immer interessanter.

Ein windgeschütztes Rentnerparadies mit Strand, Sonne, Meer und Palmen. Auf diese Klischees wird die Golfküste gerne reduziert. Wer sich die Mühe macht, den Küstenabschnitt zwischen der **Bucht von Tampa** und dem südlichen Ende der Zivilisation bei Naples zu erkunden, muss auf die genannten Annehmlichkeiten nicht verzichten. Doch die Golfküste ist mehr als nur das.

Tampa zum Beispiel ist eine Metropole der Zukunft. Vom Klima begünstigt, von einer prosperierenden Wirtschaft angetrieben und vom Tourismus genährt, beherbergt der Großraum heute um die 2,8 Mio. Menschen. Wer sich davon überzeugen möchte, dass die Stadt kein steriler Lebensraum ist, sollte sich am Abend nach **Ybor City** aufmachen: Die

◀ Hübsch sind auch die Wärterhäuschen am Strand von Clearwater Beach (▶ S. 125).

ehemalige Kapitale der amerikanischen Zigarrenproduzenten ist mit ihren Backsteinbauten eines der schönsten und skurrilsten Ausgehviertel der USA. Auch Drag Queens fühlen sich hier sehr wohl. Weiter in Richtung Meer erfüllt Clearwater Beach alle Anforderungen an ein entspanntes Seebad.

Und St. Petersburg, auch »Florida's Sunshine City« genannt, hat sich – nicht zuletzt dank des Dalí-Museums – von einem öden Hafenstädtchen zu einem attraktiven Ziel für Kunstliebhaber aus aller Welt entwickelt.

Südlich der Bay lockt Sarasota mit einer Attraktion von Weltformat: Das Anwesen des Zirkusgründers **John Ringling** führt in eine vergessene Welt. Als Kunstsammler hat er alles gekauft, was sich nicht gewehrt hat – unter anderem vier großformatige Werke von Peter Paul Rubens. Bis hinunter nach Fort Myers reihen sich von hier Inselwelten aneinander, auf denen Hochbauten die Ausnahme sind. Im nahen Hinterland lebt derweil das »alte Florida« weiter. Im Myakka River State Park etwa können sich abenteuerlustige Wanderer in Sumpflandschaften der Beobachtung von Reptilien und Vögeln widmen.

UNTER KÜNSTLERN UND MILLIONÄREN

Auch sonst sind Überraschungen nicht selten. Von **Matlacha Island** etwa haben auch die wenigsten Einheimischen gehört. Bei dem auf der Karte unscheinbar aussehenden Eiland handelt sich um ein zur Künstlerenklave umfunktioniertes Fischerdorf mit unzähligen Adlernestern.

Und schließlich, kurz bevor die Everglades beginnen, wäre da noch Naples. Hier, wo das Durchschnittsalter mehr als 60 Jahre beträgt und die Millionärsdichte grotesk hoch ist, lässt es sich vielleicht am ehesten rechtfertigen, die Golfküste auf die eingangs genannten Klischees zu reduzieren. Andererseits provoziert der offen zur Schau gestellte Reichtum einen gewissen Voyeurismus, dem sich Besucher nur schwer entziehen können. So kann es sehr inspirierend sein, mit einem Caffè Latte in der Hand unter Palmen zu sitzen und dabei die Leute zu beobachten. Und sei es nur um festzustellen, dass dieser Ort anders ist.

TAMPA

Stadtplan ▶ S. 121

350 000 Einwohner

Für Europäer mag Tampa weniger ein Touristenziel, denn viel mehr ein Einfallstor zu den vorgelagerten Strandwelten sein. Dennoch eignet sich die Stadt für ein paar vergnügliche Tage. Etwa für das letzte Wochenende eines Urlaubs, denn sowohl das Ausgehen als auch der Einkauf amerikaspezifischer Konsumgüter machen Spaß in der offiziell nach Jacksonville und Miami drittgrößten Stadt Floridas. Während Busch Gardens ein Muss für Vergnügungsparkfetischisten ist, erfreuen sich routinierte Stadturlauber an der langen Waterfront und dem beliebten Ausgehviertel Ybor City.

www.tampagov.net

SEHENSWERTES

❶ Aquarium 🧑‍🦽

Gut gemachtes Aquarium, das die verschiedenen Wasserhabitate Floridas nachzeichnet. Frei fliegende Löffler, archaische Pfeilschwanzkrebse und hyperaktive Pinguine gehören zu den vielfach bestaunten Bewohnern. Die heimlichen Stars aber sind zwei ausgelassene Otter, die einen ungeheuren Energieverbrauch haben müssen. Wer das Einsperren von Tieren nicht grundsätzlich für grausam hält, kann hier seinen Spaß haben. Kinder haben diesen vorbehaltlos.

701 Channelside Dr. | www.flaquarium. org | tgl. 9.30–17 Uhr | Eintritt 24 $, Senioren (ab 60 J.) 21 $, Kinder (3–11 J.) 19 $

❷ Busch Gardens

Busch Gardens stand lange Zeit synonym für die Vergnügungsaktivitäten in Tampa. Der Freizeitpark ist einer dieser merkwürdigen Orte, an dem Fotografen ohne Mühe eine Giraffenfamilie und eine Achterbahn auf ein Bild bekommen können. Oder mit anderen Worten: Ähnlich wie die Themenparks im nahen Orlando führt Busch Gardens eine Doppelexistenz als Heimat von 2700 Tieren überwiegend afrikanischer Herkunft und einer Vielzahl von Fahrgeschäften. Zum sanften Einstieg in das nicht ganz preiswerte Vergnügen eignet sich die Simulation einer Safari, in deren Verlauf ein Bimmelbähnchen an Zebras, Giraffen und anderen nicht bissigen Spezies vorbeifährt. Ebenfalls ohne Schwindelgefühle kehren die Passagiere einer Seilbahn in irdische Gefilde zurück. Die Achterbahnen hingegen lassen weder Loopings noch 90-Grad-Gefälle und Drehungen um die eigene Achse aus. Zuweilen fällt auch Spritzwasser an. Der Name übrigens leitet sich ab von der Brauerei Anheuser Busch, die den Park 1959 gegründet hat. Der Produzent von Budweiser gehört mittlerweile zu einem belgischen Konzern, während Busch Gardens nunmehr zur Seaworld-Gruppe zählt.

10165 McKinley Dr. | www.busch gardens.com | tgl. 10–18 Uhr | Eintritt ab 75 $, Parkplatz 17 $

❸ Ybor City

Ähnlich wie Miami heute Little Havana hat, war Ybor City ab 1885 etwa 50 Jahre lang ein lebendiges Viertel spanischsprachiger Einwanderer. Der Stadtteil ist benannt nach Vicénte Martinez Ybor, einem Zigarrenmagnaten, der wegen steigender Lohnforderungen der dortigen Arbeiter seine Fabrik von Key West an den Rand von Tampa

verlegt hat. Fortan stieg die Stadt zur »Cigar Capital of the USA« auf. Heute ist Ybor City das Ausgehviertel von Tampa. In den Backsteinbauten entlang East 7th und 8th Avenue sind Clubs, Bars, Restaurants, Brauereien und Geschäfte untergebracht. Rein optisch ergibt die Melange aus mehr als 100 Jahre alten Gebäuden und Brachflächen ein stimmig abgerocktes Bild. Was die Musik in den Etablissements betrifft, müssen die Besucher zum Teil mit etwas abgehalftertem Grungerock oder Karaoke vorliebnehmen.

Die Straßenbahn TECO verbindet Downtown Tampa mit Ybor City | Fahrpreis 2,50 $

MUSEEN UND GALERIEN

4 Henry B. Plant Museum

Präsident Theodore Roosevelt und Baseball-Ikone Babe Ruth gehörten zu den Gästen des Tampa Bay Hotels, das der Eisenbahnpionier Henry B. Plant 1891 eröffnet hat. Das eklektizistische Bauwerk mit seinen silbernen Minaretten versteht es noch heute, alle Blicke auf sich zu ziehen. In dem Prachtbau, der einst 511 luxuriöse Hotelzimmer beherbergt hat, residieren nun die Studenten der vornehmen University of Tampa. Ein Flügel des Hotels ist als Museum erhalten.

401 West Kennedy Blvd. | Tel. 8132 54 18 91 | www.plantmuseum.com | Di–Sa 10–17, So 12–17 Uhr | Eintritt 10 $, Senioren/Studenten 7 $, Kinder (4–12 J.) 5 $

5 Tampa Bay History Center

Gut gemachtes, interaktives Museum für regionale Geschichte. Ein Schwerpunkt liegt auf dem Schicksal der Seminolen und der Mikasuki, den in Florida beheimateten »First Nations«. In dem überraschend großen Haus an der Waterfront wird zudem ein Blick zurück auf die Industriegeschichte geworfen. Besonders interessant sind die Exponate zu Ybor City und seiner Historie als Zigarrenhauptstadt der USA.

801 Old Water Street | Tel. 8132 28 00 97 | www.tampabayhistorycenter.org | tgl. 10–17 Uhr | Eintritt 13 $, Senioren (ab 65 J.), Jugendl. (13–17 J.) und Studenten 11 $, Kinder (4–12 J.) 8 $

ÜBERNACHTEN

6 Don Vicente de Ybor Historic Inn

Boutique-Hotel – Kleines Domizil aus dem Jahr 1895, als Ybor City gerade aufgeblüht ist. Die Zimmer sind stilvoll eingerichtet, wenn auch leicht antiquiert. Sie unterscheiden sich aber von den gängigen Ketten. Die Lage eignet sich blendend zur Erkundung des historischen Stadtteils.

1915 Avda. Republica de Cuba | Tel. 8132 41 45 45 | www.donvicenteinn.com | 16 Zimmer | €€–€€€

ESSEN UND TRINKEN

RESTAURANTS

7 Carne Chophouse ▸ S. 27

8 Oxford Exchange

Club-Atmosphäre – Frühstück und Lunch unter einem glasüberdachten Atrium oder in dicken Clubsesseln. Beides ist möglich in diesem ebenso neuen wie originellen Lokal in der Nähe der vornehmen University of Tampa. Serviert werden Gerichte mit rgioalen und biologischen Zutaten. Die Zielgruppe sind offenbar bibliophile Menschen, denn die Rechnung wird in Büchern gereicht.

420 West Kennedy Blvd. | Tel. 8132 53 02 22 | www.oxfordexchange.com | Mo–Fr 7.30–17.30, Sa, So 9–17.30 Uhr | €€€

Ybor City Bar Hopping 5

Alte Laternen und schummriges Neonlicht schaffen im einstigen Einwandererviertel gute Voraussetzungen für lange Nächte, z. B. im Ritz, im Liquid oder bei der Tampa Bay Brewing Company (▸ S. 14).

Die 7th Avenue ist die Hauptstraße der historischen Ybor City (▶ S. 120). In den alten Zigarren-fabriken und Lagerhallen sind heute Restaurants, Galerien und Shops untergebracht.

9 ū lë lē

Panamerikanische Küche – Nachdem es 2014 eröffnet hat, ist dieses Restaurant in einem ehemaligen Wasserwerk am Nordende der Uferpromenade binnen kürzester zu einer Top-Adresse aufgestiegen. Die Küche flirtet gekonnt mit Mittel- und Südamerika. Die eigentliche Attraktion sind die hauseigenen Biere, die Braumeister Timothy Shackton in einem angrenzenden Bau herstellt. Der Mann ist ein Freund der deutschen Gerstensaftkultur. Entsprechend herb und vergleichsweise alkoholarm sind seine Produkte.

1810 North Highland Ave. | Tel. 81 39 99 49 52 | www.ulele.com | Mo–Fr 11–22, Sa, So 11–23 Uhr | €€

CAFÉS

10 Café Dufrain

Harbour Island ist Tampas Äquivalent zur Hamburger Hafen City – eine zum Wohngebiet umgewandelte Hafenanlage. Das Café Dufrain lädt ein zu einem versonnenen Blick auf das Wasser und die Skyline von Downtown. Im Normalfall jedoch weiß die Küche bald die Aufmerksamkeit auf sich zu ziehen: Aus regionalen Zutaten kreiert das

Der Riverwalk in Tampa ist auch nachts ein Erlebnis. Hier hat man einen faszinierenden Blick über die Bootsanleger auf dem Hillsborough River bis zur Innenstadt.

Team moderne Interpretationen amerikanischer Gerichte, gerne auch in Tapas-Portionen. Das Haus legt wert auf eine heile Gastro-Welt. Das bedeutet: 75 % der Zutaten sind saisonal, regionalen Ursprungs oder aus biologischem Anbau.

707 Harbour Post Dr. | Tel. 81 32 75 97 01 | www.cafedufrain.com | Mo–Sa 11.30–22 Uhr

BARS

 G-Bar

Offiziell eine räumlich getrennte Gay- and Lesbian-Bar, Heteros werden jedoch toleriert. Auf den Tresen tanzen knapp bekleidete Menschen beiderlei Geschlechts. Die Barkeeper verraten die Preise der Drink-Specials.

1401 East 7th Ave. | Di–Sa 21–3 Uhr | Eintritt 5 $

EINKAUFEN

EINKAUFSZENTREN

International Plaza and Bay Street

Für den Kompletteinkauf von Luxusgütern über technische Geräte bis zu Sneakers und Jeans eignet sich Tampas Premium-Mall direkt neben dem Flughafen. 200 Geschäfte, 15 Restaurants.

2223 North West Shore Blvd. | www.shopinternationalplaza.com | Mo–Sa 10–21, So 11–18 Uhr

ZIGARREN

King Corona Cigar Factory

Handgemachte Zigarren, die vor Ort in fetten Sesseln geraucht werden. Drinnen wie draußen.

1523 East 7th Ave. | www.kingcoronacigars.com | Mo–Mi 8–24, Do 8–1, Fr 8–2, Sa 10–2, So 12–24 Uhr

AKTIVITÄTEN

14 Riverwalk

Autofreie Freizeitvergnügen kommen auch in den USA immer mehr in Mode. Tampa ist diesbezüglich recht weit fortgeschritten, denn entlang des Hillsborough River führt ein inzwischen 4 km langer Weg, der ausschließlich Fußgängern, Radfahrern und anderen Sportlern vorbehalten ist. Er streift dabei mehrere (kleine) Parks. Probeweise hat die Stadt den Konsum alkoholischer Getränke auf der Promenade genehmigt – solange diese bei den ansässigen Lokalen erworben werden.

Downtown Tampa, zwischen History Center und Water Works Park | www.thetampariverwalk.com

SERVICE

AUSKUNFT

Touristeninformation

401 East Jackson Street | Tel. 81 32 23 11 11 | www.visittampabay.com

CLEARWATER BEACH 🏴 B3

Stadtplan ▸ S. 121

107 000 Einwohner

Ziemlich exakt eine halbe Autostunde westlich von Tampa befindet sich Clearwater Beach, das jugendliche Vorzeigeseebad der Golfküste. Nirgendwo sind die Strände breiter und die Beach-Bars zahlreicher. Das ist angenehm auch für einen längeren Aufenthalt. Dabei kommt es nicht ungelegen, dass das Seebad durch ein Gewässer vom Festland getrennt ist, denn Clearwater Stadt ist ein wenig trostlos. Und nicht nur das: Das einst stolze Fort Harrison Hotel mag rein optisch noch an die Grand Hotels aus der Gründerzeit Floridas erinnern. De

facto aber beherbergt der Bau heute mit der sogenannten »Flag Land Base« das spirituelle Hauptquartier der Scientology-Sekte. Ein Abstecher in den quirligen Vorort Dunedin ist da deutlich vergnüglicher.

SEHENSWERTES

15 Caladesi Island State Park 🏴 B3

Für Autofahrer endet Clearwater Beach in einem Wohngebiet. Weiter im Norden jedoch schließt sich mit Caladesi Island einer der formidablen State Parks an, die auch im Florida des Jahres 2015 noch Aufnahmen gestatten, die ein unberührtes Paradies zeigen. Technisch gesehen ist Caladesi keine eigenständige Insel, sondern lediglich eine Landzunge, die mit dem Boot oder über den Strand erreichbar ist. 2008 wurde dieser wunderbare Flecken Erde sicher zu Recht zum schönsten Strand der USA gewählt.

Anfahrt per Fähre von der Nachbarinsel Honeymoon Island | ab 10 Uhr stündl. bis Sonnenuntergang | Fähre 14 $ pro Person | Eintritt Honeymoon Island State Park 6 $ pro Fahrzeug

16 Marine Aquarium 🏴 B3

Eine typisch amerikanische Geschichte: Das Marine Aquarium führte seit seiner Gründung 1972 eine eher unscheinbare Existenz als gemeinnützige Organisation zur Pflege und Beherbergung verwundeter Meerestiere. In die Reihe der Patienten wurde eine Delfindame namens Winter aufgenommen, die ihre Schwanzflosse verloren hatte. Also baute man für sie die erste Prothese dieser Art, mit der die 2005 geborene Tümmler-Dame nahezu ungehindert schwimmen kann. Ein Stoff, den sich Hollywood nicht entgehen lassen konnte: Mittlerweile gibt es sogar zwei Filme über Winter (»Mein Freund, der Delfin« 1 u. 2) mit Harry Connick Jr. und Ashley Judd. Seitdem wird das nicht auf große Besuchermengen eingerichtete Aquarium förmlich überrannt, an einem Tag wollten 6000 Menschen Winter und ihre Gefährten sehen. Weil sie alle Eintritt zahlen, steht auf der Habenseite deutlich mehr Geld für die Pflege und Operation auch von Meeresschildkröten zur Verfügung. Im Eintrittspreis inbegriffen sind Vorführungen, das interaktive Museum Winter's Tale Dolphin Adventure sowie der Boot-Shuttle dorthin.

249 Windward Passage | www.see winter.com | tgl. 9–18 Uhr | Eintritt 22 $, Senioren 18 $, Kinder 17 $

ÜBERNACHTEN

17 Sandpearl Resort Clearwater Beach ▸ S. 25

ESSEN UND TRINKEN

RESTAURANTS

18 Frenchy Rockaway Grill

Institution am Strand – Täglich Livemusik und stets gutes Seafood sind die verlässlichen Begleiter des Sonnenuntergangs, der hier Tag für Tag gefeiert wird. Frisch aus dem Golf werden vor allem Meeresfrüchte serviert. Spezialität des Hauses aber ist das »Grouper Sandwich« (Zackenbarsch). Leider kommt das Fassbier in Plastikbechern auf den Tisch, weshalb die Kenner lieber zur Flasche greifen.

7 Rockaway Street | Tel. 727446 8444 | www.frenchysonline.com | 11–24 Uhr | €–€€

19 Shor American Seafood Grill

Leichte Gerichte – Neue Küche aus der Karibik und Florida geht auch in der Hotel-Variante: Das im Hyatt Regency mit Blick aufs Meer gelegene Shor ist auf leichte Gerichte mit regionalen Zutaten spezialisiert. Der Fisch kommt frisch von der Leine, die anderen Zutaten von Produzenten aus der Region. Die Abendkarte weist einige Gerichte mit weniger als 500 Kalorien aus.

301 South Gulfview Blvd. | Tel. 72737 3 1234 | www.clearwaterbeachhyatt. com | tgl. 18.30–22 Uhr | €€€

BARS

20 Dunedin Brewery

Die älteste Mikrobrauerei Floridas, im 10 km entfernten Vorort Dunedin, ist ein lebendiges Kleinod: An einem Braukessel hängt als Reminiszenz an das Selbstverständnis des Ortes eine riesige schottische Fahne. Im selben Raum steht eine Bühne für regelmäßig auftretende Bands. Sämtliche 15 verschiedene Biersorten werden in kleinen Serien handgefertigt. Es gibt unter anderem auch leckeres »IPA« (Indian Pale Ale) und Malzbier.

Dunedin | 937 Douglas Ave. | www. dunedinbrewery.com | So–Di 11–23, Mi, Do 11–1, Fr, Sa 11–2 Uhr | 10 km nordöstl. von Clearwater Beach

---

Joggen am Strand

Kaum irgendwo ist die Sandauflage des Küstenstreifens an der Golfküste so breit wie in Clearwater Beach. Perfekte Vorausetzugen zum Joggen, zumal die Unterlage gemeinhin sehr fest ist (▸ S. 14).

Das Gebäude des neuen Dalí-Museums (▶ MERIAN TopTen, S. 127) an der Tampa Bay in St. Petersburg ist per se ein Kunstwerk. Dem großen Meister des Surrealismus hätte es sicher gefallen.

SERVICE

AUSKUNFT

Touristeninformation

Clearwater | Tel. 7274647200 |
www.visitstpeteclearwater.com

ST. PETERSBURG

Stadtplan ▶ S. 121

245000 Einwohner

St. Pete, wie in Florida jeder sagt, fristete lange Zeit ein Schattendasein. Oberzentrum ja, attraktive Stadt nein. Dies hat sich aber mit Hilfe einer bewährten Formel grundlegend geändert: Mit dem Dalí-Museum und den bizarren Glaskunstwerken des Dale Chihuly ist die Stadt schnell zu einem Magneten für Kunstfreunde aufgestiegen. In der revitalisierten Altstadt ködert eine Markthalle nach europäischem Vorbild Feinschmecker – und auch die Waterfront kann sich durchaus sehen lassen. Genug Argumente, St. Peterburg wenigstens für die Dauer eines Tages mit einem Besuch zu beehren.

MUSEEN UND GALERIEN

21 Dalí-Museum

Der sogenannte »Bilbao-Effekt« funktioniert auch in Florida: Anstelle des

Guggenheims aber ist es hier das monothematische Dalí-Museum, das St. Petersburg zu ungeahntem Aufschwung verholfen hat. Seit Eröffnung des skulpturalen Neubaus an der Tampa Bay kommen die Besucher in Strömen. Die Sammlung wurde ab den 1940er-Jahren vom Industriellenehepaar Eleanor Reese Morse und Albert Reynolds Morse aus Cleveland aufgebaut. Sie umfasst nicht weniger als 96 Ölgemälde, über 100 Aquarelle sowie Grafiken, Fotografien und Skulpturen. Ihre Hängung zeichnet den Weg von den epigonalen Anfängen Dalís bis zur Formulierung eines eigenen künstlerischen Manifests nach. Ein Werk, so komplex, dass es mühelos Tage füllen könnte. Manch prüder Amerikaner aus dem Mittleren Westen indes wünscht sich nach dem Studium von Werken wie »Der große Masturbator«, er hätte sich mit einer anderen Materie befasst.

1 Dali Blvd. | www.thedali.org | Fr–Mi 10–17, Do 10–20 Uhr | Eintritt 24 $, Senioren (ab 65 J.) 22 $, Jugendliche (13–17 J.) 17 $, Kinder (6–12 J.) 10 $ | Audioguides auch auf Deutsch

EINKAUFEN

22 Locale Market in St. Petersburg 🚩

»Farm to Table« – Viele Amerikaner teilen das unbedingte Bedürfnis, dass ihr Land »europäischer« werden möge. Dabei entwickeln sie einen Ehrgeiz, der überraschende Ergebnisse zur Folge hat. Den Betreibern des Locale Market etwa ist es gelungen, eine leicht abgewandelte Version klassischer Markthallen wie z. B. der Boqueria in Barcelona ins Leben zu rufen. Hier werden in angemessen rummeliger Atmosphä-

re Fisch, Fleisch, Gemüse und Bier aus der Region angeboten. Zum Mitnehmen, aber auch zum sofortigen Verzehr vor Ort. Ein gelungenes Experiment mitten im prosperierenden St. Petersburg.

179 2nd Ave. North | www.localegour metmarket.com | Mo–Fr 10–21, Sa 9–22, So 9–20 Uhr

SARASOTA 🚩 G 4

52 000 Einwohner

Diese zwischen Tampa und Fort Myers gelegene Kleinstadt hat alles: Vorgelagerte Inseln mit makellosen Strandlandschaften. Ein unberührtes und weitläufiges Hinterland, das als Myakka State Park auch der Nachwelt erhalten bleibt. Eine eigene Oper und ein eigenes Ballett (!). Eine funktionierende Innenstadt mit vielfältigen Restaurants. Und mit dem Ringling Estate eine Sehenswürdigkeit von überregionaler Bedeutung.

SEHENSWERTES

Myakka River State Park

Als Kontrast zu den Bade- und Kulturlandschaften Sarasotas eignet sich der Myakka River State Park mit seinen vielfältigen Ökosystemen. Neben dem namensgebenden Fluss bestimmen Sümpfe und Seen den fast 150 qkm großen State Park – doch auch mit Säbelpalmen bewachsene Prärien gehören zur Landschaft. Ähnlich variantenreich sind die Möglichkeiten für Besucher: Sie können weitgehend ohne Zivilisationsgeräusche bis zu 14 Tage auf eigene Faust im Park wandern. Am populärsten ist eine Tour mit dem Airboat über den breiten Upper Myakka Lake, bei der die Teilnehmer neben den allgegenwärtigen Alligatoren mit einiger Wahrscheinlichkeit auch Weißkopfsee- oder Fischadler zu sehen bekommen. Wer mag, kann sich zum Verbleib in diesem wunderbaren Park auch eine simple Holzkabine aus den 1930er-Jahren mieten.

13208 State Road 72 | www.floridastate parks.org | tgl. 8 Uhr bis Sonnenuntergang | Eintritt 6 $ pro Fahrzeug | Bootstour 12 $ pro Person

Sarasota Keys

Über eine Nord-Süd-Ausdehnung von über 50 km erstrecken sich die Barriere-Inseln, die Sarasota zu einem Magneten für Wassersportler und Sonnenanbeter machen. Die Inseln sind dicht besiedelt, die schönsten, breitesten und naturbelassensten Strände zieren die Küste auf den charmanten Inseln Siesta Key und Anna Maria Island (▶ S. 40). Vor allem auf letzterem Eiland geht es vergleichsweise betulich zu. Gänzlich unamerikanisch sind der Rod Reel Pier und der City Pier, die sich ohne Geländer – und mit leicht baufälliger Anmutung – in die Tampa Bay vorwagen.

www.visitsarasota.org

MUSEEN UND GALERIEN

6 Ringling Estate

Wenn ein Museum seine Besucher in eine Zeit zurückversetzt, die längst vergessen und in dieser Form nicht im Ansatz mehr vorstellbar ist, dann hat es seinen Zweck erfüllt. Genau dies schafft das zum Ringling Estate gehörende Circus Museum mit Leichtigkeit. Es zeichnet das Lebenswerk des in Sarasota ansässigen Zirkusmoguls John Ringling (1866–1936) nach, der ein

Im Zirkus-Museum in Sarasota (▶ MERIAN TopTen, S. 129) staunen die Besucher über die faszinierende Nachbildung en miniature der Zirkuswelt mit über 44 000 Einzelstücken.

gigantisches Unterhaltungsimperium aufbauen konnte, mit dem er und seine zuweilen mehr als 1500 Mitarbeiter durch die USA gezogen sind – in einem eigenen Zug. Die ausgestellten Modelle der Zirkusstadt sind von schwindelerregender Größe, noch erstaunlicher aber ist das Asolo Theater aus dem Jahr 1798, das in den 50er-Jahren des 20. Jh. aus Italien nach Sarasota transportiert und wiederaufgebaut wurde. Seit der Restaurierung 2006 finden hier wieder regelmäßig Vorstellungen statt.

Das Zirkusmuseum ist jedoch nicht die einzige Attraktion des Anwesens. Viel mehr haben sich Ringling und seine Gemahlin Mable ein extravagantes Wohnhaus im neovenezianischen Baustil gegönnt: Cà d'Zan. Am imposantesten ist wohl das Kunstmuseum, in dem sich die sehenswerte Sammlung der Ringlings befindet. Durch seinen unermesslichen Reichtum konnte er in Europa eine gewaltige Menge wichtiger Werke erstehen, darunter vier Großformate von Peter Paul Rubens sowie Gemälde von Frans Hals und Rembrandt. Genug Stoff für einen ganzen Tag – und noch dazu ein vergleichsweise preiswertes Vergnügen.

5401 Bay Shore Road | www.ringling. org | Fr–Mi 10–17, Do 10–20 Uhr | Eintritt 25 $, Senioren (ab 65 J.) 23 $, Kinder (6–17 J.) und Studenten (ab 18 J.) 5 $

ÜBERNACHTEN

Harrington House

Bed & Breakfast – Wer sich ein Domizil in unmittelbarer Nähe zum Strand gönnen möchte, sollte an dieser intimen Unterkunft seine Freude haben. Von den Zimmern Meerblick.

Gleich hinter dem weißen Sandstrand reiht sich in Fort Myers Beach (▶ S. 131) an der Golfküste ein Restaurant ans andere. Palmen und Sonnenschirme spenden Schatten.

Anna Maria Island | 5626 Gulf Dr. | Tel. 941 778 54 44 | www.harringtonhouse. com | 20 Zimmer | €€€–€€€€

ESSEN UND TRINKEN

RESTAURANTS

Duval's New World Café

Fangfrischer Fisch – Bouillabaisse, Jakobsmuscheln und fangfrischer Fisch sind die Spezialitäten dieses stets gut besuchten Restaurants in Downtown Sarasota. Der Service könnte gern ein wenig mehr auf Zack sein.

1435 Main Street | Tel. 941 312 40 01 | www.duvalsfreshlocalseafood.com | Mo–Do 11–21, Fr, Sa 11–22, So 10–21 Uhr | €€–€€€

Gecko's Grill

Grill und Sports Bar – Das Restaurant wird von einer Gruppe lokaler Geschäftsleute geführt und ist bei Einheimischen rasend populär. Die mit leicht angebratenem Thunfisch, Wasabi und süßer Sojasauce marinierten Nachos sind delikat.

5585 Palmer Crossing Circle | Tel. 941 923 60 61 | www.geckosgrill.com | So–Do 11–24, Fr, Sa 11–1 Uhr | €€

KULTUR UND UNTERHALTUNG

Sarasota Oper

Untergebracht im historischen Edwards Theatre aus dem Jahr 1926, ist das Opernhaus (nach eigenen Angaben) das weltweit einzige Haus, welches das Komplettwerk Giuseppe Verdis zur Aufführung gebracht hat. Großes Jugendopernprogramm. Die Saison dauert von November bis März.

61 North Pineapple Ave. | Tel. 941 366 84 50 | www.sarasotaopera.org | Tickets Mo–Sa 10–16 Uhr

Wollen Sie's wagen?

Momente der Kontemplation können selten sein im dynamischen Florida. Die Lichtinstallation Joseph's Coat Skyspace im Ringling Estate aber bietet die Chance. Der Künstler James Turrell hat die Dachkante eines Innenhofs mit verschiedenen LED-Lampen ausgestattet, die wechselnde Wahrnehmungen des abendlichen Himmels gestatten. Die Betrachter genießen dies rund eine Stunde lang auf (selbst mitgebrachten) Yoga-Matten.

Jeden Do, Fr 30 Min. vor Sonnenuntergang | Eintritt 5 $

SERVICE

AUSKUNFT

Touristeninformation

Sarasota | www.visitsarasota.org

FORT MYERS   H 7

62 000 Einwohner

Touristen haben den Namen Fort Myers lange Zeit weniger mit der Stadt als mit den vorgelagerten Inseln in Verbindung gebracht. Der Flughafen war nicht viel mehr als das Einfallstor zur traumhaften Sanibel Island und nach Fort Myers Beach. Neuerdings hat sich das kleine Zentrum mit seinen renovierten Backsteinbauten, Geschäften und Restaurants so weit gemausert, dass ein Besuch Spaß macht.

SEHENSWERTES

Matlacha Island

Die meisten Fischerdörfer Floridas haben den Hotelkomplexen, Fast-Food-Ketten und Einkaufszentren längst

Platz machen müssen. Nicht so Matlacha Island (sprich: Mellaschee), ein kleines Inselchen bei Fort Myers. Zwar hat das Fangverbot für Meeräschen (»Mullets«) den Fischfang in den 1990er-Jahren abrupt beendet, doch die bunten Hütten und Anleger der Fischer blieben erhalten – und somit auch der Charme des »alten Florida«. Inzwischen haben Künstler und Galeristen den Ort für sich eingenommen, die beste Garantie dafür, dass der Bestandsschutz gewahrt wird. Mit rund 100 Betten in Bed & Breakfasts entwickelt sich der Tourismus zaghaft.

24 km westl. Downtown Fort Myers

Thomas Edison & Henry Ford Winter Estates

Am Südufer des Caloosahatchee River hat der Erfinder Thomas Alva Edison auch in Sachen Lebensqualität ein Gespür für Trends gezeigt. Als er 1885 im Alter von 38 Jahren mit stark angeschlagener Gesundheit den ärztlichen Rat erhielt, seine Winter fortan im Süden zu verbringen, hat er ein großzügiges, 20 ha umfassendes Anwesen in unmittelbarer Nähe zu Downtown Fort Myers erstanden. Besucher können die komfortable Behausung von Außen inspizieren und den herrlichen Park erkunden, wo das Genie (1847–1931) sich und seiner Familie einen der ersten Swimmingpools gegönnt hat. 1916 überzeugte Edison seinen Musterschüler Henry Ford zum Kauf des Nachbarhauses, das der Automobilpionier fortan wenigstens einmal pro Jahr aufsuchte. Noch imposanter als die Wohndomizile sind das originalgetreu erhaltene Labor Edisons und die Ausstellungsräume mit seinen unzähligen Erfindungen – sei es die Glühbirne oder die wieder aufladbare Batterie.

2350 McGregor Blvd. | www.edisonford winterestates.org | Tel. 23 93 34 74 19 | tgl. 9–17.30 Uhr | Eintritt 20 $, Kinder (6–12 J.) 11 $ | Jeden Mittwoch 10.30 Uhr Führungen in deutscher Sprache

ESSEN UND TRINKEN
RESTAURANTS
Bert's Bar

Seafood für Fischer und Hippies – Seit mehr als 70 Jahren der Treffpunkt aller stolzen Bewohner von Matlacha Island. Erst waren es Fischer, die Seafood mit Blick auf das Wasser konsumiert haben. Nun sind es Künstler und Alt-Hippies.

Matlacha Island | 4271 Pine Island Road, 24 km westl. Downtown Fort Meyers | Tel. 23 92 82 32 32 | www.bertsbar.us | €

Ford's Garage ▸ S. 27

EINKAUFEN
Joe's Record Exchange ▸ S. 37

SERVICE
AUSKUNFT
Touristeninformation
Fort Myers | www.fortmyers-sanibel. com/german

Besuch bei Leoma Lovegrove

Die Künstlerin Leoma Lovegrove betreibt die weltweit größte Kokosnuss-Postkartenfabrik. Sogar in Disney World sind die von ihr bemalten und versandfertig gemachten Früchte zu haben (▸ S. 14).

Es wird eng vor Sanibel Island (▶ MERIAN TopTen, S. 133) am Golf von Mexiko, wenn hunderte Kuhreiher, Schlangenhalsvögel und Rosalöffler im seichten Wasser auf Fischfang gehen.

★ SANIBEL ISLAND H 8

6 500 Einwohner

Kein Gebäude darf auf dieser Insel höher als die größte Palme sein. Nicht zuletzt deshalb besitzt Sanibel Island bis heute ein paradiesisches Erscheinungsbild. Eine Art Eintrittsgeld soll dem Massentourismus zusätzlich vorbeugen, denn die Insel ist lediglich über eine mautpflichtige Brücke (6 $) erreichbar. Den Ansturm auf die Strände allerdings hindert dies kaum. Auf der etwa 20 km langen Insel ist das Radfahren sehr populär. Im Norden von Sanibel führt eine weitere Brücke über eine schmale Wasserstraße nach Captiva Island, wo rund um die Andy Ross Lane eine kleine Gastronomie- und Partymeile entstanden ist. Wenn der Sonnenuntergang naht, geht es hier zu, als stünde gerade das größte Feuerwerk auf Erden an.

MUSEEN UND GALERIEN

Bailey-Matthews Shell Museum

Ein fast schon rührendes Museum, das sich mit den verschiedenen Erscheinungsformen von Muscheln, ihrem Lebensraum und ihrer Evolution beschäftigt. Ein guter Zeitvertreib für einen verregneten Tag. Jeweils um 11.30 und 15 Uhr führen Meeresbiologen noch tiefer in die Materie ein.

3075 Sanibel-Captiva Road | Tel. 23 93 95 22 33 | www.shellmuseum.org | tgl. 10–17 Uhr | Eintritt 11 $, ermäßigt 5 $

ÜBERNACHTEN

Island Inn Hotel & Resort ▸ S. 24

ESSEN UND TRINKEN

The Mucky Duck

Spektakel am Strand – Wer den Sonnenuntergang auf Captiva Island mit einem Drink in der Hand zelebrieren möchte, ist in dieser Mischung aus Pub und Beach Bar richtig aufgehoben. Die Küche ist international – auf jeden Fall zum frischen Fisch greifen.

11546 Andy Rosse Lane | Tel. 23 94 72 34 34 | www.muckyduck.com | tgl. 11.30–21.30 Uhr | €€

EINKAUFEN

Bailey's General Store

Der seltene Fall eines eigentümergeführten Supermarkts mit Vollsortiment. Freundliches Personal, sehr gute Weinabteilung. Sonderabteilung mit mehr als 1700 glutenfreien Produkten.

2477 Periwinkle Way | www.baileys-sanibel.com | tgl. 7–21 Uhr

NAPLES   ◢H 8

20 000 Einwohner

Naples ist ein mondäner Ort am Strand, wo viel Geld zuhause ist. Aber das Städtchen ist auch eine riesige Baustelle, denn nirgendwo sonst in Florida wüten die Entwickler wohlbehüteter Seniorensiedlungen so heftig, wie hier am Westrand der Everglades. Fast alle Bewohner stammen ursprünglich aus dem Mittleren Westen, wo man gottesfürchtig ist und Republikaner wählt. Das überträgt sich auf bemerkenswerte Weise auch auf das Leben im Städtchen Naples, wo sich ein konservativer Hedonismus breitgemacht hat: Am Abend parkt man vor den glamourösen Restaurants der 5th Avenue gerne seinen Rolls Royce, um anschließend auf dem breiten Bürgersteig beim Dinner die Abendgarderobe zur Schau zu stellen. Sollte es dabei einmal weniger als 20 °C sein, stehen Batterien von Heizpilzen parat. Nach Außenseitern oder Andersgesinnten wird man in Naples vergeblich suchen. Tagsüber ist das Bild ein wenig anders. Bei meist makellosem Sonnenschein sitzen Seniorinnen mit »renovierten« Gesichtern und perfekten Frisuren in Begleitung ihrer Schoßhündchen im Schatten von Bismarck- oder Königspalmen, eine fast schon gespenstisch heile Welt, die man sich zuvor durch ein (erfolgreiches) Leben im garstigen Norden verdient hat. Hier, auf den Bürgersteigen der 5th Avenue, wird noch Zeitung gelesen. Smartphones sieht man kaum. Ein Paralleluniversum, dessen Besuch in jedem Fall unterhaltsam ist.

SEHENSWERTES

Botanical Gardens

Wunderbare gepflegte Anlage mit der sich 1993 acht Bewohner von Naples einen Traum erfüllt haben und die ein wenig Abstand zum gewöhnlichen Urlaubstrubel gestattet. Ein Wanderweg führt auf 4 km durch sechs Gartenanlagen. Zum Areal gehört auch ein weitläufiges Naturreservat. Kinder toben sich in einem Baumhaus aus.

4820 Bayshore Dr. | www.naplesgarden.
org | Mi–Mo 9–17, Di 8–17 Uhr | Eintritt
15 $, Kinder (4–14 J.) 10 $

Olde Naples

Bevor die eingangs beschriebenen
Siedlungen das seelenlose Wohnen in
einem abgesperrten Areal möglich gemacht haben, konnte sich in Naples
gepflegter Reichtum ausbreiten. Die
teils geschmackvollen, teils verschwen-
derischen Villen sind von opulenter
Vegetation eingerahmt und allemal einen Abstecher wert – sei es zu Fuß, mit
dem Velo oder auch motorisiert.
Zwischen 1st und 3rd Street

ESSEN UND TRINKEN

RESTAURANTS

Sushi Thai Too

Günstig in der Straße der Reichen –
Die Kombination von Thai-Restaurant
und Sushi-Bar ist in Florida weit verbreitet. Dieses Lokal am Ostende der
5th Avenue überzeugt mit soliden Cur-
rys, großen Portionen und erstaunlich
niedrigen Preisen.
898 5th Ave. South | Tel. 23 94 30 75 75 |
www.sushithaitoo.com | So–Do 11.30–
22, Fr, Sa 11.30–23 Uhr | €€

CAFÉS

Fifth Avenue Coffee Company

Guter Beobachtungsposten – Eck-Ca-
fé mit vielen Plätzen in der Sonne, gutem Kaffee und süßen amerikanischen
Backwaren. Ein ziemlich perfekter Ort,
um einen ausführlichen Blick auf die
Gepflogenheiten der High Society zu
werfen. Bodenständige Preise.
599 5th Ave. South | Tel. 23 92 61 57 57 |
www.5thavncoffeeco.com | So–Do 7–21,
Fr, Sa 7–22 Uhr

EINKAUFEN

Third Street South

Die Third Street South ist seit den
1930er-Jahren ein Synonym für Ein-
kaufsvergnügen. Angesprochen sind
angesichts des Angebots an Schmuck,
Kunst und Bekleidung vor allem die
Inhaber prall gefüllter Geldbeutel und
Kreditkarten ohne Zahlungsrahmen.
Boutiquen wie Maus & Hoffman oder
Tommy Bahama gestatten jedoch auch
Normalbürgern ihre Garderobe im
Florida-Stil aufzufrischen. Die Neben-
straßen mitgerechnet, beläuft sich die
Anzahl der Geschäfte auf rund 100.
3rd Street South und 5th Ave. | www.
thirdstreetsouth.com

KULTUR UND UNTERHALTUNG

Naples Philharmonie

Auch eine Kleinstadt kann sich ein Or-
chester leisten, wenn die Bewohner
zahlungskräftig sind. Naples gönnt sich
diesen Luxus seit 1982, wobei die Reputation des Ensembles weiterhin wächst.
Die Saison dauert lediglich von Juni bis
September, doch der Artis-Komplex
als Spielstätte wird das ganze Jahr von
Klassik- und Ballett-Ensembles sowie
Show-Veteranen beehrt. Zum Gebäu-
deensemble im Norden von Naples gehört weiterhin das Baker Museum, dessen Schwerpunkt bei moderner und
zeitgenössischer Kunst liegt. Eines der
Highlights ist die »Persische Decke«
des Glaskünstlers Dale Chihuly.
5388 Pelican Bay Blvd. | www.artis
naples.org

SERVICE

AUSKUNFT

Touristeninformation

Naples | www.paradisecoast.de

DIE NORDOSTKÜSTE

Vom Flughafen in Jacksonville ist es nur ein Katzensprung ins geschichtsträchtige St. Augustine, der ältesten Stadt der USA, oder auch nach Amelia Island mit herrlichen Sandstränden und ausgedehnten Dünen an der hier nie überlaufenen Atlantikküste.

Mit dem Auto auf dem Strand cruisen. Das gehört für viele Europäer zu den prägendsten Erlebnissen eines Trips in den Nordosten Floridas. Möglich ist das bis heute in Daytona Beach, einem dieser lang gestreckten Badeorte, wo Studenten beim »Spring Break« die Sonne anlachen und die Rennfahrzeuge der NASCAR lärmend ihre Kreise ziehen. In einer zunehmend auf Verantwortungsbewusstsein und Nachhaltigkeit ausgelegten Welt hat beides jedoch nicht mehr so viel Platz. Und so stehen heute in und um Daytona viele Häuser zum Verkauf. Florida befindet sich in einem Wandel, der nie endet.

Der Nordosten des Sunshine State aber kann auch anders. So legt das Boot zum Greyfield Inn, dem einzigen Hotel auf dem bezaubernden, bereits zu Georgia gehörendem **Cumberland Island** in Fernandina Beach ab. Auf Amelia Island sind die Strände meist paradiesisch breit. Nur

◀ Die historische Innenstadt von St. Augustine (▶ MERIAN TopTen, S. 138).

Die Nordost-
küste

Der Nordwesten

Orlando

Die Golfküste

Der Großraum
Miami

Die Südspitze

gelegentlich gibt sich die Küstenlinie anders. Am Boneyard Beach
im **Little Talbot Island State Park**
etwa ist sie leicht erhöht. Hier setzt
der Atlantik dem Land so unnach-
giebig zu, bis es abbricht. Übrig
bleiben die Skelette von Eichen
und Zedern, die auf einem schma-
len Küstenstreifen thronen. Auch
wenn sich die Natur immer noch solche Freiheiten nehmen kann, kommt
der Region seit geraumer Zeit ungewohnte Aufmerksamkeit zu. Grund
ist die ewige Jagd der Amerikaner nach dem Superlativ – und die Sehnsucht nach Geschichte. Diesmal steht der Titel der »ältesten kontinuierlich bewohnten Siedlung in den USA« auf dem Spiel. Lange Zeit hatte
Jamestown, Virginia, diesen für sich beansprucht. Das Gründungsjahr
war auf 1607 datiert. Mittlerweile jedoch ist deutlich, dass diese Einschätzung auf einem streng anglozentrischen Blickwinkel beruhte.

AUF DEN SPUREN DER VERGANGENHEIT

Tatsächlich ist inzwischen weithin akzeptiert, dass die Spanier lange vor
den Briten eine Siedlung in Nordamerika errichtet haben. Diese trägt
heute den Name **St. Augustine** 🌟, befindet sich 500 km nördlich von
Miami und existiert bereits seit 1565. Plötzlich also reicht die amerikanische Siedlungsgeschichte fast ein halbes Jahrhundert weiter zurück.
Aufgrund dieses Superlativs, vor allem aber wegen seiner Festung, den
Relikten des spanischen Dorfes und nicht zuletzt wegen seines fußgän-
gerfreundlichen Charakters, hat sich St. Augustine zum touristischen
Mittelpunkt Nordostfloridas gemausert. Unter Amerikanern ist es sehr
angesagt, hier ein langes Wochenende zu verbringen. Die Nähe zum internationalen Flughafen von Jacksonville macht es möglich.
Apropos »Jax«, wie die Einheimischen sagen: Die Stadt mag mit 821 000
die einwohnerstärkste Floridas und zugleich die flächenmäßig größte
Stadt der USA sein, besondere touristische Reize aber fehlen ihr. Ein besonderes Erlebnis ist ein Abstecher nach Cumberland Island. Die Insel
gehört zwar zu Georgia, ihre Unberührtheit und ihr authentischer Charm
aber machen sie ziemlich einzigartig.

⭐ ST. AUGUSTINE

Stadtplan ▶ S. 139

13 000 Einwohner

St. Augustine ist nur eine Kleinstadt. Aber als solche ist sie recht unamerikanisch: Mit dem Castillo De San Marcos wacht ein stattliches Fort europäischer Machart über den Zufluss zum Atlantik. Im Colonial Quarter sind die Spuren der Besiedlung durch spanische Eroberer deutlich sichtbar. Die autofreie St. George Street lädt zum Bummel. Links, rechts und in den Seitenstraßen bitten überwiegend inhabergeführte Restaurants zu Tisch. In nur wenigen Kilometern Entfernung breitet sich schließlich St. Augustine Beach aus – mit weißen Stränden und dem herrlichen, auf einer Halbinsel gelegenen Anastasia State Park. Einzig die unvermeidlichen Trolleys, mit denen sich Amerikaner jeden Alters durch die Gegend kutschieren lassen, sind der sichere Beweis, dass man sich tatsächlich in den USA aufhält.

SEHENSWERTES

❶ Anastasia State Park

Der motorisierte Tourist mag auf Basis seiner Erfahrungswerte beklagen, dass Florida hoffnungslos zugebaut ist. Dabei aber gerät allzu leicht in Vergessenheit, dass einige der schönsten Orte durch die Florida State Parks dauerhaft geschützt sind. So auch der ca. 1600 ha große Anastasia State Park auf der Halbinsel Conch Island, nördlich von St. Augustine Beach. 6 km unberührte Küstenlinie und wilde Vegetation garantieren eine angenehme Abgeschiedenheit. Wer wandern geht, sollte auf festes Schuhwerk nicht verzichten, denn während die Besucher Pumas und Kojoten nur mit viel Glück zu Gesicht bekommen, sind Klapperschlangen hier keine Seltenheit.

300 Anastasia Park Road | Tel. 90 44 61 20 33 | www.floridastateparks.org | tgl. 8 Uhr bis Sonnenuntergang | 8 $ pro Fahrzeug, 4 $ für Alleinreisende

❷ Castillo De San Marcos

Das Castillo De San Marcos erinnert mit seinen mächtigen Mauern und seinem zackigem Grundriss nachhaltig an Befestigungsanlagen europäischer Bauart. Das Kastell wurde 1695 nach 23 Jahren Bauzeit von den Spaniern vollendet. Fortan sollte es den iberischen Pionieren im Falle britischer Angriffe als sicherer Zufluchtsort dienen. Dabei wurde das Fort zum stummen Zeugen der wechselvollen und mitunter sehr blutigen amerikanischen Geschichte. Heute genießt es den Status eines nationalen Denkmals. In den einzelnen Räumen wird die bewegte Historie nacherzählt. Wie so oft in den USA regen kostümierte Statisten die Fantasie der Besucher an.

South Castillo Dr. | www.nps.gov/casa/index.htm | tgl. 8.45–17.15 Uhr | Eintritt 7 $, Kinder unter 15 J. frei

❸ Colonial Quarter

Nur einen Steinwurf vom ehrwürdigen Castillo De San Marcos entfernt, veranschaulicht der Nachbau einer spanischen Kolonialsiedlung, wie das Leben hier um das Jahr 1740 gewesen war. Zum Komplex gehören auch die Behausung eines Soldaten, ein Aussichtsturm und eine spanische Taverne. An den einzelnen Stationen des historischen Parcours erfolgen Demonstrationen damaliger Handwerkskunst.

St. Augustine

San Sebastian River

Ponce de Leon Blvd

Jacksonville, I-95

Grove Ave.

Castillo   Dr.

San Marco Ave.

Fountain of Youth
Archeological Park

Ripley's
Believe It or
Not Museum

Orange St.

Saragossa St.

Carrera St.

Valencia St.

Flagler College

Ribeira St.

Cordova St.

St. George St.

Cuna St.

Castillo De
San Marcos

Colonial Quarter

Avenida Menendez

Cathedral

Cathedral St.

King St.

Villa Zorayda

Lightner Museum

Cedar St.

Bridge

King St.

City
Yacht
Pier

Charlotte St.

Menendez Ave.

Bridge of Lions

Anastasia Blvd

Anastasia
Island

Anastasia
State Park

Matanzas

R i v e r

Martin Luther King Jr.

Granada St.

Washington St.

Oldest Hse.

St. Francis
St.

De Haven St.

Lake
Maria
Sanchez

Ribeira St.

0   900 m

© MERIAN-Kartographie

33 St. George Street | www.colonial
quarter.com | tgl. 10–18 Uhr | Eintritt
13 $, Kinder (5–12 J.) 7 $

4 Flagler College

Die Erschließung Floridas geht maßgeblich auf Henry M. Flagler zurück.
Wo immer es einen neuen Bahnhof
gab, hat der Eisenbahnmagnat Luxushotels für die ersten »snowbirds« errichtet, reiche Menschen aus dem Norden, die dem Winter entfliehen
wollten. In St. Augustine ist 1888 das
Hotel Ponce de León entstanden. Wer
sich in dem Renaissancebau mit den

charakteristischen Türmen einquartie-
ren wollte, musste damals neben einer
persönlichen Einladung Flaglers auch
einen Koffer Bargeld mitbringen. Um-
gerechnet auf den heutigen Wert der
Währung belief sich dieser auf
425 000 $ für vier Monate.
Bald schon haben weiter südlich gelegene Orte wie Palm Beach St. Augustine den Rang abgelaufen. Daher befindet sich seit 1968 das nach Flagler
benannte College in den historischen
Räumlichkeiten. Studenten führen die
Besucher durch das Anwesen, wozu
auch der vielleicht schönste Speisesaal

Blick über den Matanzas River auf die alte Stadt St. Augustine (▶ MERIAN TopTen, S. 138). Zahlreiche Gebäude aus der Zeit der spanischen Kolonialisierung und des 19. Jh. sind gut erhalten.

aller amerikanischen Hochschulen zählt. Wirklich lohnenswert.

74 King Street | legacy.flagler.edu | Touren 10 und 14 Uhr, vom 5. Mai–9. Aug. auch um 15 Uhr

MUSEEN UND GALERIEN

5 Lightner Museum

Gegenüber vom einstigen Hotel Ponce de León (heute Flagler College ▶ S. 139) hat Eisenbahnmagnat Henry Flagler 1887 das imposante Alcazar Hotel errichtet. Die Gäste konnten es sich unter anderem im damals größten Hallenbad der Welt gutgehen lassen. Heute beherbergt der Bau ein hochwertiges Kuriositätenkabinett über drei Etagen in den ehemaligen Einrichtungen des Hotels. Zur Sammlung gehören Spieluhren, ägyptische Mumien, afrikanische Schrumpfköpfe und Dinosauriereier.

75 King Street | Tel. 90 48 24 28 74 | www.lightnermuseum.org | tgl. 9–17 Uhr | Eintritt 10 $, Jugendl. (12–18 J.), Studenten 5 $

6 Villa Zorayda

Der Nachbau eines Flügels der Alhambra von Granada? Das überrascht sogar in Florida – zumal sich der Architekt Franklin Waldo Smith diese Extravaganz im Maßstab 1:10 bereits im Jahr 1883 gönnte. Dafür hat der Mann, der Flagler davon überzeugen konnte, seine Hotels in St. Augustine im spanischen Stil zu errichten, unter anderem 350 Jahre alte Kacheln von der iberischen Halbinsel importieren lassen. Ein interessantes Kleinod mit einer eklektischen Mischung an Einrichtungsgegenständen, dem eine schwüle, maurische Atmosphäre anhaftet.

83 King Street | Tel. 90 48 29 98 87 | www.villazorayda.com | Mo–Sa 10–17, So 11–16 Uhr | Eintritt 10 $, Senioren (ab 60 J.) 9 $, Kinder (7–12 J.) 4 $

ÜBERNACHTEN

7 **St. George Inn** ▸ S. 25

ESSEN UND TRINKEN

RESTAURANTS

8 **A1A Aleworks**

Guter Gastro-Pub – Benannt nach der gut 500 km langen Küstenstraße, serviert das Lokal regional geprägte Küche: Ein »Mahi-Mahi-Sandwich« mit Mango-Mayo oder Thunfisch mit Sesam-Ingwer-Marinade. Im Erdgeschoss befinden sich Braukessel. Unbedingt das »Porpoise Point IPA« probieren.

1 King Street | Tel. 90 48 29 29 77 | www.a1aaleworks.com | So–Do 11– 23.30, Fr, Sa 11–1 Uhr

9 **Columbia**

Iberische Institution – Das Stammhaus der kleinen Kette wurde 1905 in Tampas kubanischer Exklave Ybor City gegründet. Doch auch die Dependance in St. Augustin kann sich sehen lassen: hochgewachsene Pflanzen, bunte Kacheln und ein glasüberdachtes Atrium prägen das Ambiente. Die auf Alt getrimmte Karte weist von den Tapas bis hin zu den Hauptgerichten spanische Wurzeln mit lokalen Einflüssen auf – aus Florida, aber auch aus Kuba.

98 St. George Street | Tel. 90 48 24 33 41 | www.columbiarestaurant.com | Mo–Sa 11–22, So 12–22 Uhr | €€

10 **Crave Food Truck**

Fast-Food gesund – Mobile Imbisswagen mit anspruchsvoller Küche gehö-

ren bald flächendeckend zum Erscheinungsbild der USA. In St. Augustine nimmt das Team von Crave die Verantwortung auf sich, die meist junge und hippe Zielgruppe zufriedenzustellen. Das gelingt mit lecker zusammengestellten Bio-Wraps und frischen Salaten. Die Biergarnituren am St. Sebastian River ermöglichen den gepflegten Konsum der Speisen.

134 Riberia Street (am Wasser) | Mo–Sa 11–15.30 Uhr | €

11 **Ice Plant** 🚩

Kreatives aus der Region – Einst wurde in der Lagerhalle aus dem Jahr 1927 das Luxusgut Stangeneis hergestellt. Nun mischt eine Gruppe ambitionierte Geschäftsleute aus der Region die gastronomische Landschaft auf: Rund um die Bar im Obergeschoss zelebriert man bei diskreter Beleuchtung die klassisch amerikanische Cocktail-Kultur. Und gleich nebenan im Restaurant kommen kreative Speisen mit regionalem Einschlag auf den Tisch. Ein Beispiel: Jakobsmuscheln mit Moschuskürbispüree und fünf Jahre altem Parmesan. Für einen stilvollen Abend.

110 Riberia Street | Tel. 90 48 29 65 53 | www.iceplantbar.com | Di–Sa 11.30–2, So, Mo 11–24 Uhr | €€€

EINKAUFEN

FRISÖR

12 **Price's Barbour Shop**

An den Wänden hängen die Geweihe von Hirschen und lebensgroße Schwertfische. Abgesehen von dieser Extravaganz weist Price's alle Erkennungszeichen eines klassischen Barbiers auf. Seit 1936 lässt sich die örtliche Männerwelt hier barbieren. Ein Argument, um den Urlaub mit schlecht sitzendem Haar anzutreten.

10 Granada Street | Tel. 90 48 29 23 64 | Mo–Fr 8–17.30, Sa 8–12 Uhr

SPIRITUOSEN

13 St. Augustine Distillery

In einer ehemaligen Stangeneisfabrik wird hochwertiger Schnaps mit regionalen Zutaten gebrannt: New World Gin und Florida Cane Vodka. »Handgemacht in der ältesten Stadt der Nation«, heißt es verkaufsträchtig auf dem Etikett.

112 Riberia Street | Tel. 90 48 25 49 62 | www.staugustinedistillery.com | Mo–Sa 10–18, So 11–18 Uhr

ZIGARREN

14 JC Cuban Roller

Julio Cordero hat auf Kuba die Ausbildung zum Zigarrenroller genossen. Seit geraumer Zeit übt er sein Handwerk in St. Augustine aus: Für jeden sichtbar, stellt er Tag für Tag rund 100 Zigarren zum Preis von 5–8 $ her. Wie es sich gehört, zeichnet er allein für alle Produktionsschritte verantwortlich. Der Tabak kommt aus der Dominikanischen Republik – wegen des immer noch gültigen Handelsembargos.

162 St. George Street (in einer Einkaufspassage) | Tel. 90 48 08 15 23 | www.jccubanroller.com | tgl. 11–17 Uhr

AKTIVITÄTEN

Bootstour mit der Victory III.

▶ S. 139, b 2

Auch vom Wasser aus betrachtet macht der Anblick von St. Augustine einiges her. Wenn die Victory III. von den Kaimauern ablegt, zeichnen sich zunächst die Konturen der Flagler-Bauten ab.

Bald rückt das Castillo De San Marcos ins Blickfeld. Wenig später wird die Bebauung von Marschland abgelöst. Am Horizont zeichnet sich der Wellengang des Atlantiks ab – und man sieht die Automobile, die sich auf dem Strand von Vilano Beach bewegen. Eine angenehm kontemplative Tour – vor allem bei Sonnenschein und mit einem kühlen Glas Wein in der Hand.

Scenic Cruise St. Augustine | Municipal Marina, Avda. Menendez | Tel. 90 48 24 18 06 | www.scenic-cruise.com | Fahrten von 11–18.45 Uhr | 17 $

AMELIA ISLAND H 2

Auf der nördlichsten Insel Floridas (21 km lang, 6 km breit) geht es recht beschaulich zu. Viele Privatresidenzen, einige Motels und wenige Luxushotels säumen den breiten Sandstrand.

www.ameliaisland.com

FERNANDINA BEACH ⬩ H 1

Herrschaftliche Südstaatenhäuser, alter Baumbestand und ein hübscher Yachthafen prägen das Erscheinungsbild von Fernandina Beach. Eigentlich ein reizender Ferienort mit knapp 12 000 Einwohner, doch leider gibt es einen gravierenden Schönheitsfehler: In der Nähe ist immer noch eine große Papiermühle aktiv, deren Ausdünstungen bei entsprechender Windrichtung die Aufenthaltsqualität beeinflusst.

Amelia Island | www.fbfl.us | Im Norden der Insel

ÜBERNACHTEN

Blue Heron Inn

Bed & Breakfast mit Stil – In einem herrlichen Südstaatenhaus aus dem 19. Jh. haben Julie und David sechs be-

Im historischen Flort Clinch (1864) auf Amelia Island (▶ S. 142) kann man auf dem weitläufigen Festungsgelände dem Leben der Soldaten während des Bürgerkriegs nachspüren.

hagliche Zimmer eingerichtet. Am späten Nachmittag wirft die Dame des Hauses den Herd an, um die Gäste mit einem Appetizer zu erfreuen. Dazu wird ein Gläschen Wein kredenzt. Für den Abend muss man sich nicht zwingend etwas vornehmen, denn das Bibliothekszimmer ist äußerst gemütlich. Sehr gutes Frühstück.
102 South 7th Street | Tel. 90 44 45 90 34 | www.ameliaislandblueheroninn. com | 6 Zimmer | €€€

ESSEN UND TRINKEN

RESTAURANTS

España

Authentisch spanisch – Die spanische Vergangenheit Nordostfloridas steht derzeit hoch im Kurs. Eine Vorliebe für iberische Küche darf daher nicht überraschen. Im España verwöhnen Marina und Roberto Pestana ihre Gäste seit mehr als 20 Jahren mit authentischen Gerichten und Weinen aus ihrer Heimat. Fast immer ist es rappelvoll.
22 South 4th Street | Tel. 90 42 61 77 00 | www.espanadowntown.com | tgl. 17– 22 Uhr | €€

KNEIPEN

Palace Saloon

Der Palace Saloon ist Floridas älteste, ohne Unterbrechung betriebene Kneipe. Sie kann sich bis heute sehen lassen: Holzgetäfelte Wände, Keramikplatten an den Decken, dazu Südstaatenrock, Rockabilly und ein Publikum mit viel tätowierter Haut. Weil hier geraucht werden darf, wirkt das klassische Kneipenambiente umso authentischer.
117 Centre Street | www.thepalacesa loon.com | wechselnde Öffnungszeiten

FORT CLINCH STATE PARK H1

Im Nordosten von Amelia Island steht mit Fort Clinch eine weitere Befestigungsanlage. Die Ursprünge des fünfeckigen Forts gehen auf das Jahr 1736 zurück. An den Stränden, die den St. Marys River begleiten, üben die Einheimischen ein kurioses Hobby aus: Sie suchen – immer noch mit erstaunlichem Erfolg – die Versteinerungen von Haifischzähnen, die hier in Folge starker Bestände über die Jahrtausende angeschwemmt worden sind. Die zum Fort Clinch State Park zählenden Strände sind von Sanddünen flankiert, breit und in der Regel nicht sonderlich überlaufen.

Amelia Island | 2601 Atlantic Ave. | www.floridastateparks.org | tgl. 8 Uhr bis Sonnenuntergang | Eintritt 6 $ pro Fahrzeug | Im Nordosten der Insel

Ziele in der Umgebung

KINGSLEY PLANTATION H2

Ein Ort, wo die besondere Geschichte Floridas greifbar wird: Der britische Geschäftsmann und Sklavenhändler Zephania Kingsley hatte 1814 seine Familie auf die Plantage umgesiedelt, die sich nördlich von Jacksonville auf Fort George Island befindet. Damals gehörte Florida zu Spanien und Kingsley war bereits mit Anna Jai verheiratet, einer jungen Afrikanerin aus dem Senegal. Dieser hat er später die Aufsicht über die Plantage übertragen. Die dort lebenden Sklaven durften nach vollbrachtem Tagewerk auf eigene Rechnung weiterarbeiten. Als Florida 1821 an die USA fiel, floh Anna Jai aus Angst vor deren rigiden Sklavengesetzen nach Kuba. Das Haupthaus und 23 winzige Sklavenkabinen erinnern an die Epoche.

Natur pur auf Cumberland Island (▶ S. 145) in Georgia – mit einer großen Vielfalt an Küstenflora und -fauna sowie ausgeprägten Dünenlandschaften.

Kingsley Plantation | 11676 Palmetto Ave. | tgl. 9–17 Uhr | Eintritt frei 35 km südl. von Amelia Island

◎ LITTLE UND BIG TALBOT ISLAND STATE PARK 🏄 H2

Wer von Süden kommend den St. John's River bei Jacksonville überquert, passiert unweigerlich zwei sehenswerte State Parks. Wie bei so vielen anderen Küstenparks im Nordosten sind Sandstrände und Dünenlandschaften von makelloser Schönheit. Eine Besonderheit ist der Boneyard Beach: Hier bricht das leicht erhöhte und bewaldete Festland regelrecht ab. Die Skelette entwurzelter Eichen und Zedern bilden bizarre Totholzformationen.

www.floridastateparks.org | 8 Uhr bis Sonnenuntergang | 5 $ pro Fahrzeug 20 bzw. 25 km südlich von Amelia Island an der A1A

◎ CUMBERLAND ISLAND 🏄 H1

Wem geopolitische Grenzen egal sind, sollte unbedingt einen Abstecher nach Georgia einschieben: Trotz all seiner bezaubernden State Parks schielt Florida neidisch in den Norden, wenn es um die atlantische Trauminsel schlechthin geht. Nach einer wechselvollen Historie hat der Industrielle Thomas Morrsion Carnegie Cumberland Island zum Winterdomizil seiner Familie auserkoren. Heute ist die neoklassizistische Residenz verlassen. So wie die rund 30 km lange Insel stets menschenleer ist, denn zu keinem Zeitpunkt dürfen sich hier mehr als 300 Besucher aufhalten. Einzige Übernachtungsmöglichkeit ist neben einem Zeltplatz das Greyfield Inn. Das Haus wird von der Schmuckdesignerin Gogo Ferguson betrieben, die ihrerseits eine Freundin von John F. Kennedy Jr. war. Der Präsidentensohn hat in der kleinen Kapelle von Cumberland geheiratet, um den Paparazzi aus dem Weg zu gehen. Das Gefühl der Abgeschiedenheit herrscht heute noch vor. Die Insel hat endlose Sandstrände und eine landestypische Fauna. Durch die teils verlassenen, teils verfallenen und teils nie vollendeten Industriellenvillen haftet ihr jedoch ein morbider Charme an, der durch die mit Spanischem Moos behangenen Eichen noch verstärkt wird. Auch für Tagesausflügler gilt: Auf der Insel gibt es weder Restaurants noch Geschäfte, daher gilt es, an Verpflegung zu denken.

Fähren für Tagesbesucher/Camper verkehren ab St. Marys, Georgia | www.cumberlandisland.com 2 km nördlich von Amelia Island

ÜBERNACHTEN

Greyfield Inn

Historische Villa in Insellage – Als einziges Hotel auf einer Insel mit wilden Pferden wirkt Greyfield Inn wie aus der Zeit gefallen: Viktorianisches Mobiliar, Kaminfeuer im Salon und gemeinsames Abendessen der Gäste. Das hat seinen Preis, der aber ein romantisches Erlebnis von bleibendem Wert beinhaltet.

Anreise per Boot von Fernandina Beach (nur mit Reservierung) | Tel. 90 42 61 64 08 | www.greyfieldinn.com | mind. 2 Nächte | €€€€

SERVICE

AUSKUNFT

Touristeninformation

Nordostküste | www.floridashistoric-coast.com/deutsch/

FLORIDAS NORDWESTEN UND DIE »VERGESSENE KÜSTE« 🌟 9

Den turbulenten Badeort Panama City Beach ausgenommen,
ist die Nordwestküste die vielleicht ursprünglichste
Region des Bundesstaates. Hier gehen die Uhren noch langsamer.
Mancherorts scheint die Zeit gar vollends stillzustehen.

»Je weiter man nach Norden fährt, umso südlicher wird die Umgebung«.
So sprechen jene Leute über den Sonnenschein-Staat, die sich für echte
Floridianer halten. Damit meinen sie das klassische Südstaatengefühl im
Panhandle. Wer mit dem Auto aus Atlanta in den Nordwesten Floridas
einreist, den führt der Weg durch Georgia und Alabama bis hinunter zur
Küste, vorbei an imposanten Villen und üppiger Vegetation. Die Kom-
munikation unterwegs ist allerdings nicht einfach, denn bei jedem Zwischenstopp müssen sich die Ohren neu auf den »southern brawl« einstellen, einen Südstaatenkauderwelsch, den die meisten Europäer erst nach
eisernem Training verstehen. Diese Mundart existiert noch immer in
voller Pracht. Besonders kultiviert wird sie entlang der »Vergessenen

◀ Unvergesslich ist die »Vergessene Küste«
(▶ MERIAN TopTen, S. 151) am Cap San Blas.

Die Nordost-
küste

Der Nordwesten

Orlando

Die Golfküste

Der Großraum
Miami

Die Südspitze

Küste« (Forgotten Coast), einem Küstenstreifen südlich von Tallahassee, dessen bloße Existenz im Florida der Gegenwart als höchst unwahrscheinlich bewertet werden darf. An sonnigen Wintertagen treibt sich kaum ein Mensch hier herum. Leer ist es dann auch an zauberhaften Orten wie Wakulla Springs am Rande des riesigen Apalachicola State Forest. In den warmen Quellen, wo einst Teile der Tarzan-Filme mit Johnny Weissmüller gedreht wurden, tummeln sich Manatees und unzählige Alligatoren. In Kombination mit der verwunschenen Vegetation ein Flecken Erde von schon entrückter Schönheit.

Bleibende Eindrücke verspricht auch eine Fahrt auf der Küstenstraße 98, die an verträumten Dörfern wie Apalachicola vorbeiführt oder zu vorgelagerten Inseln wie St. George Island oder St. Joseph Island. Paradiesartige Kleinode mit weißen Stränden, wo die Häuser wegen der Hurrikangefahr auf Stelzen gebaut werden. Zugleich aber auch Rückzugsorte für seltene Tiere, denn weite Teile der Inseln genießen dauerhaften Schutz.

VON DER PARTYMEILE INS NIEMANDSLAND

Obwohl das keineswegs allen Besuchern klar ist, wird auch Panama City Beach an drei Stellen von State Parks eingerahmt. Der Küstenort ist die Partyzentrale und etwas brachial daherkommende Touristenhochburg der »Redneck Riviera«, die ihren wenig schmeichelhaften Kosenamen der überwiegend konservativen und streng religiösen Bevölkerung verdankt. Tausende T-Shirt-Läden, Restaurants, Bars und gesichtslose Appartementanlagen prägen den langgestreckten Ort. Aber eben auch diese weißen Strände und diese melodramatischen Sonnenuntergänge.

Ja, und sogar mitten im sumpfigen Niemandsland, das sich wohl auf alle Ewigkeiten in dem Bogen ausbreitet, der Westflorida mit dem Rest des Staates verbindet, auch hier können Individualisten noch einen Flecken entdecken, der sich von allen anderen Orten abhebt: Cedar Key. Der winzige Inselarchipel mit 800 Einwohnern befindet sich sichtbar in der Hand von Menschen, die nicht so viel Wert auf materielle Dinge legen. Schön.

PANAMA CITY BEACH ⚓ C2

12 000 Einwohner

Der Begriff der Stadt versagt bei Panama City Beach (PCB) – da kann die Vokabel noch so sehr im Namen verankert sein. Eher handelt es sich um einen gut 45 km langen Strandabschnitt, der zufällig eine Verwaltungseinheit bildet.

In Wassernähe ist dieser zuweilen dicht, manchmal sogar exzessiv bebaut. Die zweite Reihe ist anderen Bestandteilen der touristischen Infrastruktur vorbehalten, so man von Riesenmonstern bewachte Minigolfplätze und andere Bespaßungsanlagen dazurechnen mag. Dahinter leben die Einheimischen, die sich innerhalb ihres Lebensraums ausschließlich mit dem Automobil fortbewegen. Und jenseits des Highways 30A gibt es vor allem Bäume und Sumpf.

All das mag sich so anhören, als sei Panama City Beach ein großes Missverständnis. Das aber ist es nicht. Wer sich drauf einlässt, kann hier eine gute Zeit verbringen. Vor allem im Winter, wenn die Tage mit viel Sonnenschein und Temperaturen von 18 bis 20 °C oft herrlich sind. Geräumige Appartements mit Balkon und Meerblick sind dann bereits für 1200 $ zu haben – pro Monat. Die makellosen Strände, das azurblaue Wasser und eine wachsende Auswahl guter Restaurants tun ihr Übriges dazu.

SEHENSWERTES

Camp Helen State Park

Vergleichsweise winzig ist dieser State Park am Westrand von PCB. Das Areal war bis 1987 der Ferienpark eines Textilunternehmens. Die Häuschen aus dieser Epoche sind teilweise hübsch restauriert. Der Strand ist wegen des Zuflusses zu einem See schön breit.

23937 Panama City Beach Parkway | www.floridastateparks.org | tgl. 8 Uhr bis Sonnenuntergang | Eintritt 4 $ pro Fahrzeug

Carillon Beach

Wenn alle Menschen ihre Träume verwirklichen könnten, sähe die Welt wohl aus wie die Vorzeigesiedlung Carillon Beach im Westen von Panama City Beach. Die Fassaden der nagelneuen Villen sind in heiteren Farben gestrichen. Einige Anwesen verfügen über einen eigenen Zugang zum Strand. Außerdem sind die palmengesäumten Straßen verkehrsberuhigt. Zum öffentlichen Strand führen etwas versteckt einige Holzstege zwischen den Häusern.

www.carillon-beach.com

Shell Island

Der schönste Flecken Land weit und breit: Shell Island ist zwar technisch gesehen nur eine Halbinsel, die über einen kleinen Zipfel mit dem Festland verbunden ist, dennoch ist sie nur auf dem Wasserweg erreichbar. Wer es per Shuttle oder Pontonboot hierhin geschafft hat, kann einen fast 11 km langen Landzipfel erkunden, auf dem lediglich zwei Häuser stehen. Ansonsten gibt es hier nur feinen weißen Strand aus Quartz, der unter den nackten Füßen knirscht, smaragdgrünes Wasser, Dünen und Unmengen an Muscheln. Irgendwo muss der Name der Halbinsel ja herkommen.

www.shellislandshuttle.com | Shuttle ab St. Andrews State Park, März–Oktober alle 30 Min. | 16,95 $, erm. 9 $

Zuckerweiße Sandstrände und das warme Wasser des Golfstroms machen Panama City Beach (▶ S. 148) zu einem beliebten Reiseziel im »Panhandle von Florida«.

St. Andrews State Park

Der schöne State Park ist auf der Südseite von Salz- und auf der Ostseite von Süßwasser umgeben. Derartige Gewässer sind ein Garant für üppige Fischbestände – und somit auch für Delphine, die Besucher mit etwas Glück vom makellosen Strand mit bloßem Auge erspähen können. Darüber hinaus bietet der Park Wanderwege und Süßwasserseen, die sich wegen der hohen Alligatorendichte nicht zum Schwimmen eignen. Die Park-Ranger kümmern sich rührend um Meeresschildkröten, die hier ihre Nester bauen.

4607 State Park Lane | www.floridastateparks.org | tgl. 8 Uhr bis Sonnenuntergang | 8 $ pro Fahrzeug

ÜBERNACHTEN
Island Hotel ▶ S. 24

Tidewater Beach Resort

Appartement auf Amerikanisch – Es mag eine gewisse Überwindung kosten, sich in einem Hochhaus mit 31 Stockwerken einzuquartieren. Aber die Vorteile liegen auf der Hand: Die geräumigen Appartements befinden sich in Privatbesitz und werden von den Besitzern auch genutzt. Entsprechend komfortabel ist die Einrichtung. Zudem wird der Zweck erfüllt, von Balkon und Bett auf Sonne, Strand und Meer blicken zu können.

16819 Front Beach Road | Tel. 8502 34 96 45 | www.wyndhamvacationrentals. com | 570 Appartements | €€

ESSEN UND TRINKEN
RESTAURANTS

Dusty's Oyster Bar & Eatery

Liebling der Locals – Serienweise werden die frischen Austern hinter dem Tresen geknackt, um sie dem Gast in verschiedenen Zubereitungen zu reichen. Dabei geht es in dem von Einheimischen hoch geschätzten Lokal ruppig zu: Lauter Südstaatenrock und derbe Sprüche begleiten die Aufnahme fester und flüssiger Nahrung.

16450 Front Beach Road | Tel. 8502 33 0035 | tgl. 11–23 Uhr | €€

Firefly

Koch mit Olympiaerfahrung – Chefkoch Paul Stellata durfte seinen kurzgebratenen Zackenbarsch bei den Olympischen Spielen von London servieren. In seinem schummrigen Lokal mit mediterraner Bistro-Atmosphäre beweist er, dass er sich auf verschiedene Koch-Disziplinen versteht, auch die Sushi sind sehr gut. Die Getränkekarte hat olympische Ausmaße. Kenner greifen zu den gekonnt gerührten Martini-Variationen. Man sollte reservieren.

535 Richard Jackson Blvd. | Tel. 8502 49 3359 | www.fireflylpcb.com | tgl. ab 17 Uhr | €€€

Thomas Donut & Snack Shop ▸ S. 28

Hartriegelbäume schmücken mit ihren weißen Blütendolden die fruchtbaren Laubwälder im Apalachicola Nationalforst (▸ S. 151) im Panhandle.

CAFÉS

Andy's Flour Power Café & Bakery

Eigentümer John Certo steht sehr früh auf. Nur so kann er gewährleisten, dass sein Frühstückslokal täglich selbstgemachtes Brot frisch auf den Tisch bringt. Diese Art von Anstrengung wiederum belohnen ihm die Bewohner von PCB mit bedingungsloser Treue. Auch die Cheese Grits und die Omeletts sind wirklich delikat, gelegentlich schaut John auch zum Schwätzchen vorbei.

3123 Thomas Dr. | 85 02 30 00 14 | Mo–Sa 7–14, So 8–14 Uhr

PUBS

The Craft Bar

Ein Gastro-Pub mit behaglichem Ambiente, einer guten Auswahl an Bieren und einem sicheren Gespür für passende Snacks? Das geht auch am Rande eines Freiluft-Einkaufszentrums. Es gibt auch sehr gute Fisch-Tacos.

15600 Panama City Beach Parkway | thecraftbardestin.com/about/ | Mo–Do 11–23, Fr, Sa 11–24, So 11–22 Uhr

EINKAUFEN

Pier Park

Die Seelenlosigkeit amerikanischer Einkaufszentren kann zuweilen deprimierend sein. Was das betrifft, markiert der Pier Park eine Ausnahme: Palmen und pastellfarbene Fassaden schmeicheln dem Auge. Zudem befinden sich die 120 Geschäfte unter freiem Himmel. In Strandnähe lockt ein Hofbräuhaus mit Biergarten. »German Gemütlichkeit« made in Florida.

600 Pier Park Dr. | Tel. 85 02 36 99 74 | www.simon.com/mall/pier-park | Mo–Sa 10–20, So 12–18 Uhr

KULTUR UND UNTERHALTUNG

CLUBS

Club La Vela

Der größte Nachtclub der USA wurde durch die Liveübertragungen von MTV zur Legende. Pool-Landschaften, offene Strandbars und diverse Themen-Dancefloors bürgen für Abwechslung. Die nach außen hin so prüden Amerikaner lassen hier gerne »die Sau raus« – zum Beispiel in Form von »Wet-T-Shirt-Contests«, bei denen meist junge Damen aus dem kalten Norden etwas fürs Selbstvertrauen tun. Namhafte DJs und Rapper gastieren regelmäßig.

8813 Thomas Dr. | www.clublavela.com | wechselnde Öffnungszeiten und Eintrittspreise

SERVICE

AUSKUNFT

Touristeninformation

Panama City Beach | www.visitpanamacitybeach.de

9 ⭐ DIE »VERGESSENE KÜSTE« 🏖 D3

Der über 2500 qkm große Apalachicola National Forest scheint eine gewisse Pufferwirkung nicht zu verfehlen: Der Küstenabschnitt, an den das geschützte Waldgebiet grenzt, hat eine Entwicklung genommen, die sich wenig um den Rest Floridas schert. Hier geht es ruhig und träge zu. Die allgegenwärtigen Ketten kommen kaum zum Zuge. Und fragt man die Einheimischen, soll das auch in Zukunft so bleiben. Vor allem im Winter kann es hier umwerfend sein. Im Sommer hingegen wird es schon mal etwas voller.

Die U. S. Route 98 verbindet Apalachicola seit 1933 mit der Außenwelt. Während viele Küstenstraßen kaum das Prädikat einer »scenic route« verdienen, ist die Strecke zwischen Crawfordville und Port St. Joe einfach entzückend: Das Verkehrsaufkommen ist gering und es gibt einige verschrobene Restaurants und Geschäfte zu entdecken. Anders als in den meisten anderen Regionen Floridas, sieht man hier außer Küstenstraße tatsächlich oft Wasser und Strand.

APALACHICOLA D3

2400 Einwohner

Das herrlich verträumte Dorf mit dem Lebensgefühl der Südstaaten mag nur 2400 Einwohner haben, dafür aber besitzt »Oyster City« eine Menge Charme. Hauptwirtschaftszweig sind Schalentierzucht und Fischerei, wovon man sich am Pier überzeugen kann. Wenn Sie Glück haben, können Sie das Entladen eines Krabbenkutters beobachten. Weil im Umkreis von 75 km keine größeren Ortschaften existieren, ist Apalachicola sogar eine Art Oberzentrum mit ein paar hübschen Geschäften und guten Restaurants.
www.cityofapalachicola.com

ÜBERNACHTEN

Gibson Inn

Historisches Inn – Hohe Decken, eine Holzveranda und ein gemütlicher Salon prägen dieses Hotel, das in einem denkmalgeschützten Gebäude aus dem Jahr 1907 untergebracht ist. Die individuell gestaltete Einrichtung der Zimmer mit antiker Möbeln passt ebenso wie die vernünftigen Preise.
Apalachicola | 51 Ave. Central | Tel. 85 06 53 21 91 | www.gibsoninn.com | 32 Zimmer | €€

ESSEN UND TRINKEN

RESTAURANTS

Lynn's Quality Oysters ▸ S. 28

Up the Creek Raw Bar

Die besten Austern – Die Schalentiere gibt es in acht Variationen unter 13 $ pro Dutzend. Roh, aber auch auf Art der Südstaaten: kurz gekocht mit Blattkohl. Die schöne Lage direkt am Fluss überzeugt.
Apalachicola | 313 Water Street | Tel. 85 06 53 25 25 | www.upthecreekrawbar. com | tgl. 12–21 Uhr | €€

EINKAUFEN

Apalachicola Sponge Company

Ja, auch das gibt es: Jerry Garlick ist ein zertifizierter Schwamm-Taucher. Als solcher erntet er seit 1995 auf dem Meeresboden jene Ware, die er neben Seifen, Lotion und Honig in seinem Geschäft verkauft. Wenn der einstige Postbote in dem kuriosen Laden verweilt, ist es nicht schwierig, ihm das ein oder andere Histörchen zu entlocken.
Apalachicola | 14 Ave. D | www. apalachspongecompany.com | Mo–Sa 10–17 Uhr, So nach 14 Uhr

Ziele in der Umgebung

 CARABELLE E3

So etwas gibt es sonst nur im Film: Ein Picknickplatz mit rosa und hellblau gestrichenen Pavillons aus Beton und ungehindertem Blick aufs Meer. Am örtlichen Strand erinnert ein Schild an ein Ereignis von historischer Tragweite: Hier wurden im Frühjahr 1944 die letzten Vorbereitungen für den »D-Day« in der fernen Normandie getroffen.
U.S. Route 98, westl. Ortsausgang 36 km nordwestl. von Apalachicola

◎ ST. GEORGE ISLAND　　🔶 D 3

Zwei imposante Brücken führen von Apalachicola nach St. George Island. Die 45 km lange und maximal 1,6 km breite Barriere-Insel besitzt alle Eigenschaften eines kleinen Urlaubsparadieses: weißer Strand, viel Ozean, keine Massenunterkünfte und an beiden Enden der Insel ein State Park, der das Gefühl der Abgeschiedenheit noch verstärkt.

www.visitflorida.com/en-us/cities/
st-george-island.html

25 km südl. von Apalachicola

◎ ST. JOSEPH'S PENINSULA　　🔶 D 3

Dieser grandiose Flecken Erde unterscheidet sich von St. George Island durch eine schmale Anbindung ans Festland und seine Nord-Süd-Ausrichtung, die andere Blickwinkel auf die Sonnenuntergänge gestattet. Ansonsten gilt auch hier die Formel: Strand plus Natur gleich Urlaubstraum. Im State Park tummeln sich Otter und Opossums.

www.visitflorida.com/en-us/articles/2013/
freelance-articles-2013/st-joseph-penin
sula-state-park-daniel.html

47 km westl. von Apalachicola

⭐ CEDAR KEY　　🔶 F 4

800 Einwohner

Wer aus dem Panhandle kommt, hat stundenlang nichts anderes als Bäume gesehen, ehe eine Stichstraße zu einem aus fast 100 kleinen Inseln bestehenden Archipel führt. Die Vergangenheit der Hauptinsel Cedar Key ist eng mit dem Rohstoff Holz verbunden: Der Bleistiftmagnat Eberhard Faber hat im 19. Jh. auf der Insel die wichtigsten Ma-

Auf abenteuerlichen Pfahlkonstruktionen ruhen die historischen Holzhäuser entlang der Dock Street, im kleinen Zentrum von Cedar Key (▶ MERIAN TopTen, S. 153).

terialien für seine Fabrik auf dem benachbarten Atsena Otie Key vorgefunden. Heute ist Cedar Key ein immer noch abgeschiedener und beschaulicher Rückzugsort für Menschen, die nicht so viel Wert auf materielle Dinge legen. Zwar sind auch hier schicke Residenzen nicht zu übersehen, doch die Mehrheit gibt sich unprätentiös. Ein paar Blocks mit historischen Holzhäusern bilden das überschaubare Zentrum des Städtchens, eine Handvoll Bars und Restaurants befinden sich auf den abenteuerlich anmutenden Pfahlkonstruktionen der Dock Street. Auch wenn hier gelegentlich an Wochenenden Studenten aus der nahen Uni-Stadt Gainesville einfallen, so kommen die meisten Urlauber doch zum Fischen, Kanufahren oder zum gepflegten Abhängen. Auch ein wunderbarer Ort für einen Zwischenstopp bei einem Roadtrip.
www.cedarkey.org

SEHENSWERTES

Cedar Key National Wildlife Refuge

Die 13 Inseln können ausschließlich auf dem Wasserweg erreicht werden. Außer auf Atsena Otie Key darf man lediglich die Küstenstreifen betreten. Von März bis Juni sind alle Inseln zum Schutz brütender Vögel gesperrt. Wer die Mühen einer Kanutour auf sich nimmt, gelangt in einen Lebensraum, in dem von Weißkopfseeadlern über Pelikane bis hin zu Wassermokassin-Ottern 250 Spezies beheimatet sind. Auf Atsena Otie können Besucher die Überbleibsel der Bleistiftfabrik Fabers in Augenschein nehmen.
Von März bis Juni sind alle Inseln für Besucher gesperrt

Christal River State Park

Auf halber Strecke von Cedar Key zum Großraum Tampa Bay breitet sich ein von zahlreichen Wasserstraßen durchzogenes Marschland aus.
Der Christal River State Park bietet Zugang zu den schönsten Landschaften, die sich gut zum Kajakfahren, Wandern und Radeln eignen.
Crystal River State Park | 3266 North Sailboat Ave. | www.crystalriverstate-parks.org | tgl. 8 Uhr bis Sonnenuntergang | Eintritt frei

Homosassa Springs Wildlife State Park

Ein paar Kilometer südlich vom Crystal River State Park bestehen in Homosassa Springs gute Chancen auf die Begegnung mit Manatees. Hier aber macht sich die Nähe zum Ballungsraum bereits bemerkbar: Touren werden per Boot oder Trolley angeboten, der Andrang kann groß sein.
Homosassa Springs Wildlife State Park | 4150 South Suncoast Blvd. | Tel. 35 26 28 53 43 | www.homosassasprings.org | tgl. 9–17.30 Uhr | Eintritt 13, Kinder (6–12 J.) 5 $

Wakulla Springs State Park

8

Ein verwunschen anmutender Lebensraum mit heftigem Südstattenflair, in dem sich auch die Rundschwanzseekühe (Manatees) wohl fühlen. Wer an einem sonnigen Morgen in der Nebensaison erscheint, ist fast allein (▶ S. 17).

ÜBERNACHTEN

Wakulla Springs Lodge ▸ S. 31

ESSEN UND TRINKEN

Tony's Seafood Restaurant

Cremige Muschelsuppe – Das mitten im Ort gelegene Lokal hat eine offizielle Spezialität des Hauses: »Clam Chowder«, eine cremige Muschelsuppe, deren Rezept ursprünglich aus Neuengland stammt.

597 2nd Street | Tel. 35 25 43 00 22 | www.tonyschowder.com | So–Do 11–20, Fr, Sa 11–21 Uhr

Ziele in der Umgebung

◎ **GAINESVILLE** G3

128 000 Einwohner

Die Stadt in Zentralnordflorida ist Sitz der ältesten Universität des Bundesstaates, die heute zu den zehn größten der USA gehört. Aufgrund seines geringen Durchschnittsalters schneidet Gainesville bei Umfragen zu den beliebtesten Wohnorten Nordamerikas stets sehr gut ab. Der Einfluss der Studenten macht sich in der gesamten Stadt bemerkbar, in der es zahlreiche Clubs, Galerien, Bars und preiswerte Restaurants gibt. Bei einem Roadtrip ist ein Zwischenstopp ein Muss. Auch wer nach einigen Tagen in Orlando zurück ins richtige Leben finden will, ist hier gut aufgehoben.

www.visitgainesville.com

90 km nordöstl. von Cedar Key

◎ **WHITE SPRINGS** G2

800 Einwohner

Das Dorf liegt im kaum bevölkerten Durchfahrtsland an der Kreuzung der beiden wichtigsten Straßen im Norden Floridas (Interstate 10 und 75). Es wäre wohl nicht weiter erwähnenswert, würde nicht der legendäre Suwanee River durch den Ort fließen. Schon 1835 wurde in der Nähe des Gewässers eine schwefelhaltige Quelle entdeckt, deren heilende Wirkung sich schnell herumsprechen sollte. So ist White Springs zu »Florida's original tourist destination« aufgestiegen – inklusive einer kapitalen Badeanstalt, deren Relikte bis heute sichtbar sind. Für die breite Masse hat der Ort seine Anziehungskraft heute verloren, doch Wassersportler verdingen sich mit unverminderter Freude auf dem Fluss. Der »Suwanee River Wilderness Trail« deckt eine Strecke von fast 300 km ab. Ein Abstecher nach White Springs eignet sich besonders auf dem Weg von der Ostküste in den Panhandle (und umgekehrt).

150 km nördl. von Cedar Key

SEHENSWERTES

Stephen Foster Folk Culture Center State Park

Bis weit hinaus über die Grenzen Floridas ist der Suwanee River ein Mythos. Dies ist maßgeblich auf den wohl bekanntesten amerikanischen Folkbarden des 19. Jh. zurückzuführen: Stephen Foster (1826–1864). Obwohl der Musiker den Fluss angeblich niemals gesehen hat, diente er ihm in dem Lied »Old Folks at Home« als Inbegriff für die Mythen des Südens. In White Springs haben die Florida State Parks eine Gedenkstätte für Foster eingerichtet, die auch ein Museum beherbergt. Jährlich im Mai ist der Park Austragungsort des Florida Folk Festivals.

11016 Lilian Saunders Dr. | www.florida stateparks.org | tgl. 8 Uhr bis Sonnenuntergang | Eintritt 5 $ pro Fahrzeug

Ganze Straßenzüge sind in Little Havana
(▶ MERIAN TopTen, S. 58) mit Graffiti gestaltet.

TOUREN IN
FLORIDA

EIN KULINARISCHER SPAZIERGANG DURCH SOUTH BEACH MIAMI

CHARAKTERISTIK: Von Südamerika über die Karibik und Afrika bis nach Italien: Wer sich in South Beach ein wenig auskennt, kann sich an den unterschiedlichsten Landesküchen laben **DAUER:** ca. 3 Std. **LÄNGE:** 2 km
▶ S. 69, c 2–3

Washington Ave. ▶ Ocean Dr.

Etwas abseits vom Art-déco-Distrikt und in sicherer Entfernung zum Strand, geht es in den 600er Hausnummern von Washington Avenue recht unaufgeregt zu. Für die Erkundung der Gastro-Szene von South Beach ist hier das Restaurant Bolivar (▶ S. 70) ein interessanter Ausgangspunkt. Es verspricht keine bolivianische, sondern authentisch kolumbianische Küche. Zur Begrüßung der Gäste kommt ein »Refajo Colombiano« auf den Tisch. Das Nationalgetränk besteht zu zwei Teilen aus Bier und zu einem Teil aus dem Sodawasser Colombiano. Ein leichter und erfrischender Begleiter zum »Ceviche« – in Zitronensaft, Zwiebeln, Chili und Koriander eingelegter roher Fisch, der hier mit dicken, gebackenen Maiskörnern gereicht wird. Wenn Sie das Lokal nach diesem Appetitanreger verlassen (für zwei Personen genügt eine Portion), werfen Sie einen Blick auf das gegenüberliegende Hotel The Anglers. Dieser darf ruhig ehrfurchtsvoll ausfallen, denn das Haus war der bevorzugte Aufenthaltsort von Ernest Hemingway, wenn er denn Key West mal verlassen hat.

Nur 50 m weiter in Richtung Norden betreten Sie kulinarisch gesehen abermals die Südhalbkugel: Manolo (▶ S. 70) ist eine argentinische Bäckerei. Zwar stehen auch Sandwichs und Pizzen auf der Karte, die meisten Stammkunden kommen aber wegen der »Churros«. Die Variante mit Dulce de Leche ist einen Bruch mit der gängigen Menüfolge wert.

Gehen Sie nun auf der 7th Street rechts bis zum Ocean Drive, dem Inbegriff des Prachtboulevards. Wenn Sie ein Film-Freak sind, werfen Sie einen Blick auf das Beacon Hotel. Hier wurden Teile des Klassikers »Scarface« gedreht. Doch das ist lange her. Auf dem Ocean Drive, wo in den 1970er-Jahren noch ganze Gebäude für 75 000 $ den Besitzer gewechselt haben, trinken die Leute heute 40-Dollar-Cocktails aus eimergroßen Gefäßen.

800 Ocean Dr. ▶ 1200 Ocean Dr.

Die Exil-Kubanerin Gloria Estefan indes betreibt ein paar Schritte weiter das Larios on the Beach (▶ S. 70). In einem subtropischen 1980er-Jahre-Ambiente (bläulich illuminierte Bar, grünliche Mosaike an den Säulen) werden ebenfalls kubanische Gerichte serviert. Die Spezialität des Hauses ist »Ropa vieja« – Rindfleisch, das so lange gegart wird, bis es Fäden zieht. Dazu gibt es eine Sauce mit viel Knoblauch und Koriander sowie »Plantain«, also Kochbananenchips.

Wenn Sie Pool-Bars und ein rumorendes Publikum mögen, nehmen Sie ein paar Blocks weiter einen Drink im Clevelander (▶ S. 71). Bei Hausnummer 1116 sollten Sie die Kamera bereithalten, schließlich handelt es sich um das am dritthäufigsten fotografierte Haus der USA. Trauriger Grund: Hier lebte der Modezar Gianni Versace, bis er am 15. Juli 1997 auf der Treppe seiner Villa ermordet wurde.

Sollten Sie noch Appetit haben, kehren Sie im wunderbaren Hotel The Tides (▶ S. 70) ein. Die Deko ist etwas gewöhnungsbedürftig, denn sie besteht aus Imitaten von Meeresschildkrötenpanzern. Das »Marokkanische Hühnchen« aber ist wunderbar zart und würzig.

Ocean Dr. ▶ Española Way

Zum Abschluss dieses Spaziergangs wird es Zeit, an ein zweites Dessert zu denken. Ein leichtes, diesmal. Eis oder um genau zu sein »Gelato«. Da diffe-renzieren die Amerikaner neuerdings. Schlendern Sie bis zur Española Way, deren Kreuzung mit der Washington Avenue Sie womöglich wiedererkennen werden. Hier, in und um das Clay Hotel, wurden diverse Szenen von »Miami Vice« gedreht. Bei Milani wartet eine nicht zu süße Belohnung, hergestellt von Italienern der ersten Einwanderergeneration.

RUNDGÄNGE

Miami Food Tours

Es werden acht unterschiedliche kulinarische Touren durch Miami angeboten, darunter auch die »South Beach Food Tour« mit 5 Stationen für 59 $ pro Person. Dauer: 2,5 Std. Tourbeginn tgl. 12 und 17 Uhr.

1000 5th Street, Suite 200 | Tel. 78 69 42 88 56 | www.miamiculinarytours.com

Leicht und lecker, das ist »Ceviche«. Das Fischgericht wird in vielen Variationen angeboten. Hauptzutaten sind kleingeschnittener roher Fisch und Gemüse.

ZU FUSS DURCH LITTLE HAVANA ⭐, HAUPTSTADT DER KUBANOAMERIKANER

CHARAKTERISTIK: Zigarrenbars, ausgepresstes Zuckerrohr und Dominosteine mit neun Augen: Little Havana steckt voller Lebensfreude. Die Exilkubaner zeigen viel Herz **DAUER:** 3 Std. **LÄNGE:** ca. 2 km **EINKEHRTIPP:** Fruteria Los Piñarenos, 1334 Calle Ocho, Miami, Tel. 30 52 85 11 35
▶ **Klappe vorne, a 4**

Maximo-Gomez-Park ▶
Cuban Memorial Boulevard

Starten Sie dort, wo sich Little Havanas ultimatives Postkartenmotiv befindet: im Máximo-Gomez-Park an der Calle Ocho (Southwest 8th Street). Hier trainieren Tag für Tag überwiegend betagte Männer ihre Spielfähigkeiten. Das Klischee will es, dass sie alle »Domino« mit neunäugigen Steinen spielen, schließlich spricht der Volksmund nicht umsonst vom »Domino Park«. Die stets mit dicken Zigarren ausstaffierten Protagonisten haben sich daran gewöhnt von Fremden bestaunt zu werden – und lassen sich nicht aus der Ruhe bringen. Zum offiziellen Verhaltenskodex gehört mittlerweile auch, dass Besucher die Platzhirsche herausfordern dürfen. Dies aber bleibt eher die Ausnahme. Vielleicht auch, weil die meisten Gäste ein Gespür dafür haben, dass es sich in Wahrheit doch eher um eine Störung handeln würde.

Überqueren Sie die Calle Ocho, wenn Sie traditionelle Hemden aus der Karibik mögen: Bei Pepe & Berta (▶ S. 62) kann sich die ganze Familie im originalgetreuen Havana-Stil einkleiden. Wie das aussieht, hat TV-Serienheld Tony Soprano schon vor Jahren vorgemacht. Sollten Sie zu jenen Touristen gehören, die überall einen Blick in den lokalen Supermarkt werfen, haben Sie bei Hausnummer 1305 Gelegenheit. Einheimische besuchen »El Nuevo Siglo«, auch wegen der riesigen »bisteccas«, Steaks mit Beilage für 8 $.

Rechts um die Ecke breitet sich der Cuban Memorial Boulevard (Kuba-Gedächtnis-Boulevard) aus. Eine Reihe kleiner Monumente erinnert an jene Kubaner, die bei der Invasion in der Schweinebucht 1961 gestorben sind, während sie auf Seiten der Amerikaner kämpften. Der mächtige Ceiba-Baum auf dem Mittelstreifen der Straße ist Gegenstand einer unheimlichen Legende. Die Performancekünstlerin Ana Mendieta (1948–1985) hat das in der afrokubanischen Kultur heilige Gewächs einst mit Menschenhaar verziert. Zur Strafe soll sie wenig später in New York von einer höheren Macht aus einem Fenster geschubst worden sein. Ein Märchen, denn Mendieta wurde mutmaßlich ermordet.

Memorial Boulevard ▶ Cubaocho

Wenn Sie nun ein wenig über den aparten Stadtteil nachdenken möchten, holen Sie sich zuvor in der Fruteria Los Piñarenos einen »Guarapo« (frisch gepressten Zuckerrohrsaft), der einen köstlichen Energieschub verleiht. Passieren Sie nun wieder den Domino Park, um einen Blick auf das denkmalgeschützte Tower-Theaters (▶ S. 63) zu werfen. Hier liefen zuerst Filme auf Spanisch, heute ist das Haus generell auf fremdsprachige Filme spezialisiert. Einen Block weiter wird Little Havana kulturlastig. Hier finden Sie das Futurama (▶ S. 60), wo zwölf Künstler aus dem Viertel arbeiten und ausstellen. Schräg gegenüber hat Agustin Gainza sein Atelier (1652 Calle Ocho). Der Künstler verewigt neonaive Erinnerungen an Kuba auf Leinwand.

Richtig dick im Kunstgeschäft ist nur ein paar Häuser weiter Israel Moleiro. Der Besitzer der Galerie Latin Art Core (▶ S. 60) ist ganz auf lateinamerikanische Gegenwartskünstler spezialisiert, darunter auch Werke des Glaskünstlers Alfredo Sosabravo.

Nun wird es langsam Zeit für die Apotheose eines jeden Besuches in diesem äußerlich wenig glanzvollen, dafür aber umso herzlicheren Viertel. Genießen Sie trotz des weit verbreiteten Rauchverbots eine Zigarre. Vielleicht bei Top Cigars in der 1551 Calle Ocho (▶ S. 58), wo die Crew auch schon mal einen »Cuba Libre« springen lässt. Oder aber dort, wo alle Exilkubaner Miamis ihre Freizeit am liebsten verbringen, bei Roberto Ramos in seinem Kulturzentrum Cubaocho (▶ S. 65).

RUNDGÄNGE

Little Havanna Tours

Buchautorin und Little-Havana-Expertin Corinna Moebius bietet individuell buchbare Touren an.

www.peopleplaceconnect.com | Preis nach Absprache

Der Domino Park in Little Havana ist eine Institution. Man sieht vor allem ältere Männer, die das Legespiel mit den rechteckigen Steinen meisterlich beherrschen.

PALM BEACH ⭐ UND WEST PALM BEACH – EINE FAHRRADTOUR DURCH DAS LAND DER SUPERREICHEN

CHARAKTERISTIK: Pompöse Milliardärsvillen, Palmenhaine, radelnde Rockstars und wunderbare Strände – das ist Palm Beach. Über Radwege lässt sich der bevorzugte Wohnort der Superreichen gut erkunden **DAUER:** ca. 3 Std. **LÄNGE:** ca. 30 km **EINKEHRTIPP:** Pizza Al Fresco, 14 Via Mizner, Tel. 56 18 32 00 32, www.pizza alfresco.com, €€

🚲 K 7

Steigen Sie auf der Sunrise Avenue beim Radverleih in den Sattel, um dann Richtung Westen bis nach Lake Worth zu fahren. Hier schmiegt sich der nördliche Part des Lake Trails direkt bis ans Wasser heran. Von hier aus können Sie ungestört auf dem Radweg in Richtung Norden fahren und dabei den Anwohnern in den Garten oder auf den Pool schauen. Auch wenn Sie keine Ahnung haben, wer genau wo wohnt, seien Sie sich sicher, dass es sich auf jeden Fall um einflussreiche Menschen handelt. Der langgezogene Ort auf der Barriere-Insel genießt noch immer die Reputation, dass hier vor allem jene Entscheidungsträger leben, die nicht so gerne im Rampenlicht stehen. Durchqueren Sie den Palm Beach Country Club, um erst auf der Höhe der Reef Road dem Weg ins Inselinnere zu folgen. Auf dem North Ocean Boulevard können Sie links abbiegen, um einen Blick auf den Palm Beach Inlet zu werfen, der den Booten die Zufahrt zum Atlantik gestattet. Zur Rechten nähert sich der Boulevard nun dem Sandstrand. Weil die Anwesen durch die Straße vom Strand abgeschnitten sind, haben viele kurzerhand einen Strandstreifen zum ausgelagerten Vorgarten gemacht.

Nordende ▶ Billionaire's Row
Nach erneuter Durchkreuzung des angesagten Golf-Clubs folgen Sie dem North County Boulevard, der hier von einem Radweg flankiert wird. Nach etwa 3 km fällt Ihr Blick zur Linken auf das renommierte Hotel The Breakers (▶ S. 12), einer unvergesslichen Adresse für einen abendlichen Cocktail. Bleiben Sie auf der Straße, die bald als South County Avenue weiterführt. Dieser Teil von Palm Beach schmückt sich mit dem Kosenamen »Billionaires Row«. Hier steht unter anderem das Haus der Gründerfamilie des Kosmetikunternehmens Revlon, dessen Wert auf rund 100 Mio. $ taxiert wird. In Hausnummer 1500 lebt Rod Stewart. Der britische Rock- und Popsänger im Vorruhestand ist gerne auf dem Rad in Palm Beach unterwegs.
Wenn Sie den South Ocean Boulevard und somit abermals die Küste erreichen, biegen Sie nach links ab, um bis zur Worth Avenue fahren. Hier gehen die Milliardäre einkaufen. Bei Chanel

und Brioni oder etwas lokaler bei Maus & Hoffman. Sollten Sie Hunger verspüren, bietet sich die Lieblingspizzeria der lokalen Bevölkerung an: Al Fresco. Besonders begehrt sind die Plätze im Innenhof, den Addison Mizner (1872–1933) als Erfinder des Mediterranean Revival Style gestaltet hat. Auch von Mizner entworfen ist der vornehme Everglades Club (356 Worth Ave.), eine mobilfunkfreie Zone für Mitglieder.

Worth Avenue ▶ Grandview Heights

Weitere sehenswerte Bauwerke finden Sie, wenn Sie nach einer Rechtskurve über die Royal Park Bridge nach West Palm Beach übersetzen. Folgen Sie erst dem Radweg nach links, um rechts auf die Acadia Road und dann auf den South Dixie Highway nach links abzubiegen. Wenn Sie nun nach rechts auf die Palm Street einbiegen, kommen Sie

langsam nach Grandview Heights, einem historisch wertvollen Wohnviertel aus der Anfangszeit der Besiedlung Floridas. Stolze Bismarckpalmen und geschmackvoll angestrichene Bungalows verleihen dem Viertel einen unverwechselbaren Charme.

Nach ein paar Schlenkern fahren Sie zurück zur Brücke über Lake Worth, um abermals auf den Lake Trail zuzusteuern. Dieser bringt Sie vorbei am einstigen Wohnhaus Henry M. Flaglers (jetzt das Flagler Museum ▶ S. 76) zurück zum Ausgangspunkt.

INFORMATIONEN

Radverleih

Palm Beach Bicycle, Palm Beach, 223 Sunrise Ave. | Tel. 56 16 59 45 83 | www.palmbeachbicycle.com | Mo–Sa 9–17.30, So 10–17 Uhr | Leihgebühr 29 $ (1/2 Tag)

Über die Royal Park Bridge führt der direkte Weg von Palm Beach nach West Palm Beach (▶ S. 75). Die Brücke wird einmal pro Stunde für den Schiffsverkehr geöffnet.

MIT DEM AUTO IN DIE GRÜNE WILDNIS: DIE EVERGLADES 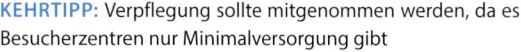 UND DAS NATURRESERVAT BIG CYPRESS

CHARAKTERISTIK: Sumpfzypressen, Rundschwanzseekühe und Alligatoren: Die Everglades und die angrenzenden Reservate beherbergen eine einzigartige Fauna und Flora. Diese Tour ermöglicht auch bei kleinem Zeitbudget unvergessliche Begegnungen **DAUER:** Tagestour mit dem Auto **LÄNGE:** ca. 300 km ab Miami **EINKEHRTIPP:** Verpflegung sollte mitgenommen werden, da es in den Besucherzentren nur Minimalversorgung gibt

H 8

Von Ihrem Ausgangspunkt fahren Sie zunächst nach Everglades City, einen verschlafenen Außenposten der Zivilisation im Collier County, dessen Name für das kleine 400 Einwohner zählende Dorf arg großspurig erscheint. Nach der Durchfahrt sehen Sie schon bald auf der rechten Seite das Besucherzentrum des Nationalparks. Informieren Sie sich dort über Flora und Fauna. Der Ort ist außergewöhnlich, da Salz-, Brack- und Süßwasser aufeinandertreffen – mit all den dazugehörigen Habitaten. Eine Bootstour durch die Mangroven der »Ten Thousand Islands« ist ein Erlebnis (▶ S. 53).

Fahren Sie nach dieser ersten Station auf dem Highway 29 Richtung Norden. Sie befinden sich nun außerhalb der Everglades im Naturreservat Big Cypress, das nach seinen enormen Sumpfzypressen benannt ist. Gemeinsam mit dem Florida Panther National Wildlife Refuge bildet es das große Rückzugsgebiet für die vom Aussterben bedrohte Raubkatze, deren Population auf nur noch 150 bis 200 Exemplare geschätzt wird. Am Straßenrand weisen Schilder auf die Gefahr einer Kollision hin – an der Raserei ändert das leider wenig.

Biegen Sie nach rechts auf den Highway 41 ab. Nach 4 km gelangen Sie zum nächsten Besucherzentrum. Der Haltepunkt ist auch deshalb so populär, weil sich direkt hinter dem Haus ein Gewässer ausbreitet, in dem sich vor allem in den Wintermonaten mit einiger Sicherheit die knuffigen Rundschwanzseekühe (Manatees) blicken lassen. Etwa 7 km weiter östlich, an der Kreuzung mit der Straße 839, befindet sich auf der linken Seite ein weiterer Holzsteg, der die risikolose Beobachtung von Alligatoren gestattet.

Big Cypress ▶ Shark Valley

Nach weiteren 3 km können Sie in anderer Mission einen Fotostopp einlegen: Direkt am Tamiami Trail steht in Ochopee bei Hausnummer 38 000 das offiziell kleinste Postamt der USA. Es ist nicht viel größer als eine Hundehütte, die Mitarbeiter kokettieren gerne mit dem Superlativ und verteilen bereitwillig Sonderstempel (geöffnet 8–10 und 12–16 Uhr). Fahren Sie weiter auf dem Highway, bis Sie an der Galerie des Fotokünstlers Clyde Butcher vorbeikommen (Meinstein 54,5 Tamiami Trail). Der Einfachheit halber wird der Mann als »Ansel Adams Floridas« bezeichnet. Seine Schwarzweißbilder suchen ihresgleichen.

Je näher Sie nun den Grenzen der Everglades kommen, umso inflationärer werden auch die Schilder, die auf Airboat-Touren hinweisen, die vermeintlich durch den Nationalpark führen. Dabei handelt es sich um Mogelpackungen, denn die brachial lauten, aber wegen ihres geringen Tiefgangs angeblich schonenden Boote mit Propellerantrieb sind in den Everglades – aus gutem Grunde – verboten. Wenn Sie ein Ticket kaufen, erkunden Sie also nur die Peripherie des Nationalparks. Fahren Sie stattdessen weiter bis zum Shark Valley Visitor Center (▶ S. 85).

Shark Valley ▶ Ausgangsort

Hier finden Sie ein leicht zugängliches Portal zu den Everglades mit verschiedenen Optionen für Aktivitäten. Am amerikanischsten ist die Erkundung per offenem Trolleybus, der in 2 Std. einen 24 km langen Parcours absolviert (23 $, ermäßigt 12,75 $). Die sportliche und sicherlich erlebnisintensivere Alternative ist das Ausleihen eines Fahrrades am Parkeingang (9 $ pro Std.). So oder so sollten Sie Insektenschutz und ausreichend Getränke dabei haben. Ungefähr auf halber Strecke befindet sich der Shark Valley Observation Tower, der einen Ausblick aus 15 m Höhe gestattet. Wenn Sie es mit der Rückreise eilig haben, können Sie das Terrain auch auf zwei Rundkursen erkunden, die in zweierlei Ausfertigungen auf Holzstegen durch die Natur führen.

Der »Shark Valley Loop« ist ein 15 km langer asphaltierter Rundweg durch die weitläufige Sumpflandschaft der Everglades. Natürlich gibt es auch Aligatoren zu sehen.

Aufmerksam beobachtet der Reiher in der Dämmerung einen Fischer in Clearwater Beach (▶ S. 125).

FLORIDA
ERFASSEN

AUF EINEN BLICK

*Hier erfahren Sie alles, was Sie über das Urlaubsland Florida
wissen müssen – kompakte Informationen über
Land und Leute, Bevölkerung, Lage und Geografie, über
Politik und Religion bis Sprache und Wirtschaft.*

BEVÖLKERUNG

Seit die Spanier im 16. Jh. den heutigen Bundesstaat besiedelt haben, ändert sich die Bevölkerungsstruktur Floridas kontinuierlich. Zunächst haben europäische Kolonialisten die indigenen Völker bekämpft und überwiegend verdrängt. Auf der Flucht vor Sklavenhaltern sind ab dem 18. Jh. vermehrt afrikanische Sklaven hinzugekommen. Während der Zustrom aus Europa auch im 20. Jh. unvermindert anhielt, suchen seit der Machtübernahme Fidel Castros 1959 vor allem Kubaner ihr Glück im Land der unbegrenzten Möglichkeiten. Doch auch aus anderen Ländern der Karibik und Lateinamerikas kommen immer mehr Einwanderer. Bis heute bilden die »weißen« Amerikaner mit 58 % die größte Gruppe. Es folgen die »Hispanics«, also Bevölkerungsgruppen lateinamerikanischer Abstammung, mit 22,5 %. Die dritte große Gruppe sind die Afroamerikaner (»Black people«) mit 16 %. Von den Amerikanern europäischer Herkunft besitzt die mit 11,8 % größte Gruppe deutsche Vorfahren.

◀ Rettungsschwimmer in ihren Häuschen am Strand von South Beach (▶ S. 41).

LAGE UND GEOGRAPHIE

Florida ist mit 170 304 qkm fast halb so groß wie Deutschland. Wer von Pensacola an der Grenze zu Alabama bis nach Key West fahren möchte, hat eine Strecke von etwas mehr als 1300 km vor sich. Die höchste natürliche Erhebung ist Britton Hill an der Grenze zu Georgia mit 105 m. Auf Key West befindet sich der südlichste Punkt der USA. In dieser Sichtweise wird allerdings der Freistaat Puerto Rico ignoriert. Die Küstenlinie ist fast 2900 km lang, davon sind über 1900 km Sandstrand.

POLITIK

Bei den amerikanischen Präsidentschaftswahlen richten sich die Augen der Beobachter immer neugierig auf Florida. Das ist darauf zurückzuführen, dass der Staat nach Kalifornien und Texas mit 29 die meisten Wahlmänner stellt. Gleichzeitig blickt Florida auf eine Historie wechselnden Wählerverhaltens zurück, ein sogenannter »Swing State«. Zuletzt votierten 2012 genau 50,01 % für Amtsinhaber Barack Obama. Aktueller Gouverneur ist der Republikaner Rick Scott.

RELIGION

Die Bewohner Floridas sind mehrheitlich sehr religiös. Insbesondere in den ländlichen Gegenden des Panhandle (Nordwesten Floridas), aber auch in den Städten finden die Kirchen starken Zuspruch. Fast die Hälfte gehört protestantischen Kirchen an, die in viele Richtungen aufgesplittert sind. Durch den rasant wachsenden Anteil von Lateinamerikanern sind aber die Katholiken auf dem Vormarsch. Generell gilt in den USA eine erstaunliche religiöse Toleranz. Auch Sekten florieren. So unterhält z. B. Scientology in Clearwater an der Westküste sein sogenanntes »spirituelles Hauptquartier«. 16 % der Bewohner Floridas bezeichnen sich als Atheisten oder als nicht religiös.

SPRACHE

Englisch ist die Amtssprache in Florida, für 27 % der Einwohner aber nicht die Muttersprache. Der Anteil der spanisch sprechenden Bevölkerung beläuft sich auf rund 20 % – Tendenz steigend.

WIRTSCHAFT

Floridas Wirtschaft ist breit aufgestellt. Finanzdienstleistungen, Logistik und Handel spielen dabei ebenso eine wichtige Rolle wie Raumfahrt, Bildung, Forschung und Landwirtschaft. Mit 833 Mrd. $ liegt das Bruttoinlandsprodukt hinter Kalifornien, New York State und Texas auf Platz vier in den USA. Das Durchschnittseinkommen beträgt rund 40 000 $. Der Tourismus spült Jahr für Jahr mehr als 70 Mrd. $ in die Kassen. 2014 wurden rund 97 Mio. Besucher in Florida gezählt. Davon kamen etwa 446 000 aus Deutschland.

AMTSSPRACHE: Englisch
EINWOHNER: etwa 20 Mio.
FLÄCHE: 170 304 qkm
GRÖSSTE STADT: Jacksonville, 840 000 Einwohner
RELIGION: 48 % Protestanten, 26 % Katholiken, 3 % Juden, jeweils 1 % Muslime, Orthodoxe und Zeugen Jehovas
WÄHRUNG: US-Dollar ($)

GESCHICHTE

Obwohl sich in der Geschichte Floridas schon früh die Historie der USA widerspiegelt, hatte sie bis ins 20. Jh. nicht viel mehr als den Charakter einer Fußnote. Anschließend setzte die rasante Entwicklung ein. Die Einträge in die Geschichtsbücher häuften sich.

10 000 v. Chr. Frühe Besiedlung

Nachdem sie weit zuvor mutmaßlich über die damals noch existente Landbrücke von Sibirien nach Nordamerika gelangt sind, besiedeln erste Menschen Florida. Es sind Jäger und Sammler, sogenannte Paläoindianer. Erst um 500 n. Chr. beginnen sie, in größeren Siedlungen zu leben.

1513 Ponce de León entdeckt Florida

Der spanische Konquistador Ponce de León, der ab 1493 an Christopher Kolumbus' zweiter Amerikareise teilgenommen hatte, entdeckt Florida. Er hält das Land für eine Insel und nimmt es für Spanien in Besitz. Zu dieser Zeit leben nach heutigen Schätzungen 250 000 Mitglieder indigener Völker in Florida. Doch bald dezimieren aus Europa eingeschleppte Krankheiten die Bevölkerung stark.

1565 St. Augustine wird gegründet

Nachdem Entdecker in Florida vergeblich nach mythenumrankten »goldenen Städten« gesucht hatten, gründet der spanische Admiral Pedro Menéndez de Avilés mit St. Augustine (span.: San Agustín) die erste europäische Siedlung, die dauerhaft Bestand hatte. Hier wurde auch zum ersten Mal ein christlicher Gottesdienst auf amerikanischem Boden abgehalten. 1586 wird die Stadt vom britischen Freibeuter Sir Francis Drake angegriffen und nieder-

10 000 v. Chr. Die ersten Siedler erreichen Florida. Die Paläoindianer sind Jäger und Sammler.

1513

Der spanische Konquistador Ponce de León entdeckt Florida und beansprucht es für sein Heimtland.

1565 Das heutige St. Augustine wird als San Agustín von den Spaniern gegründet. Die Stadt gilt mittlerweile als älteste der USA.

gebrannt. Weitere Attacken der Briten bleiben zwar erfolglos, doch durch den »Pariser Frieden« (1763) wird Florida Großbritannien zugesprochen.

1776 Die Revolution beginnt

Die geordneten Zustände sind nur von kurzer Dauer: Nach der Niederlage der Briten im amerikanischen Unabhängigkeitskrieg fällt Florida infolge des zweiten Pariser Vertrags 1783 wieder an Spanien zurück. Auch in Zukunft bleibt es auf der Halbinsel unruhig.

1817 Kampf gegen die Ureinwohner

Noch während der zweiten spanischen Herrschaftsperiode beginnt General Andrew Jackson, später siebter Präsident der USA, mit der Bekämpfung der Ureinwohner Floridas, der Seminolen, die aus Georgia geflohene Sklaven bei sich aufnehmen.

1822 USA zahlt für Florida

Nachdem die Spanier zuvor heftig um Einwanderer aus dem Norden geworben hatten, fordern diese im Gegenzug ihre Unabhängigkeit. 1822 geben die Spanier Florida gegen Bargeld an die USA ab. 1823 setzt sich Tallahassee bei der Wahl zur Hauptstadt gegen St. Augustine und Pensacola durch. 1845 wird Florida zum 27. Staat der USA

1837–1858 Seminolenkriege

Schon 1830 hat der inzwischen zum Präsidenten gekürte Andrew Jackson den sogenannten »Indian Removal Act« unterschrieben, dessen Ziel die Umsiedlung aller indigenen Völker auf westlich des Mississippi gelegene Territorien ist. Unter ihrem legendären Anführer Osceola widersetzten sich die Seminolen. Die nächsten sieben Jahre stehen im Zeichen blutiger Auseinandersetzung mit Tausenden Toten. Die meisten überlebenden Ureinwohner werden deportiert. Einige Hundert können in die Everglades fliehen. 1855 sollen US-Kopfgeldjäger sie aufspüren. Es folgt ein dritter Krieg. Die Seminolen verweigern weiterhin die Unterzeichnung eines Friedensvertrages, weshalb sich das Volk bis heute stolz mit dem Titel des einzigen unbesiegten amerikanischen Stamms schmückt.

Florida fällt für die Dauer von 20 Jahren an Großbritannien und dann zurück an Spanien.

Nach einer wechselhaften Geschichte scheint endlich Ruhe einzukehren, als Florida zum 27. Bundesstaat der USA wird.

1783

1817

Der spätere Präsident Andrew Jackson beginnt den Ersten Seminolenkrieg.

1845

1861 Loslösung von den Vereinigten Staaten

140 000 Einwohner zählt Florida im Jahr 1860, wovon rund 40 % Sklaven sind. So überrascht es nicht, dass sich der Staat im nun folgenden Bürgerkrieg auf die Seite der Südstaaten schlägt, die gegen eine Abschaffung der Sklaverei sind. Florida selbst ist kaum Schauplatz kriegerischer Auseinandersetzungen, doch der Bürgerkrieg geht 1865 verloren und die Sklaverei wird verboten. Die legale Diskriminierung der Afroamerikaner endet aber erst 1954 durch einen Entscheid des Obersten Gerichtshofs der Vereinigten Staaten.

1893 Henry Flaglers East Coast Railway erreicht Palm Beach

Mit dem Bau der East Coast Railway beginnt die systematische Erschließung Floridas. 1893 hat der Eisenbahnbaron Henry M. Flagler die Gleise bereits bis zu jenem Ort durchgezogen, der heute als West Palm Beach bekannt ist. Sowohl in St. Augustine als auch in Palm Beach entstehen glamouröse Luxushotels. 1895 können erste Züge bis nach Miami durchfahren. 1904 verkündet der unersättliche Pionier, dass er die Bahnlinie bis nach Key West durchziehen möchte. Der extrem schwierige Bau kostet damals Hunderte Menschenleben – und rund 50 Mio. $. Am 22. Januar 1912 kann der Tycoon im Alter von 82 Jahren als erster Passagier bis nach Key West fahren. Nur 16 Monate später stirbt Flagler.

1915 Miami Beach wird gegründet

Zu Beginn war die Insel nur schnödes Farmland. Am 26. März 1915 jedoch wird offiziell die Stadt Miami Beach gegründet. Zunächst lassen sich hier reiche Industrielle aus dem Norden nieder, wobei der Ort vor allem als Winterdomizil dient. Bald jedoch erlebt die noch junge Stadt eine erste Immobilienblase (Florida-Landboom).

1926 Ein Hurrikan trifft Miami

Lange bevor tropische Stürme Namen hatten, kommen bei einem Hurrikan im September 1926 fast 400 Menschen ums Leben. Der Hurrikan gilt bis heute als einer der folgenschwersten in der

---

Florida löst sich im Zuge des Amerikanischen Bürgerkriegs wieder von der Union.

1868

1861

Nach dem Ende des Bürgerkriegs gehört Florida wieder zu den USA, diesmal endgültig.

1893

Mit dem Bau der East Coast Railway nimmt die Entwicklung Floridas ihren Lauf.

Geschichte der USA. Erst jetzt wird vielen Bewohnern klar, dass das Leben im Sunshine State nicht ohne Risiko ist.

1928 Hemingway nach Key West

Als Ernest Hemingway 1928 nach Key West zieht, ist er bereits ein gefeierter Reporter. Mit seinem ersten Roman »The Sun Also Rises« gelingt ihm zudem auf Anhieb der Durchbruch als Schriftsteller. Sein Ruhm übersteigt den Bekanntheitsgrad von Key West damals erheblich. Heute ist die Insel untrennbar mit dem Namen Hemingway verbunden, obwohl der 1939 weitergezogen ist.

1935 Ein Hurrikan zerstört die Bahnlinie nach Key West

Im September 1935 müssen die Bewohner Südfloridas abermals auf schmerzhafte Weise erfahren, welche Kraft von tropischen Stürmen ausgehen kann: Ein Hurrikan zerstört weite Teile der Eisenbahnlinie von Miami nach Key West – der Lebenstraum Henry M. Flaglers ist geplatzt. Weil die Linie nie rentabel gewesen ist, beschließt die Eisenbahngesellschaft auf einen Wiederaufbau zu verzichten. Stattdessen wird 1938 der Overseas Highway eröffnet. Die Autostraße wird zur Grundlage für den Massentourismus der Gegenwart.

1942 Deutsche U-Boote vor der Küste

Durch die Präsenz deutscher U-Boote rückt der Zweite Weltkrieg bedenklich nahe an die amerikanische Küste heran. Von Januar bis August versenken die Deutschen insgesamt 24 Schiffe, davon acht vor Palm Beach County. Ziel ist die Kappung von Versorgungswegen und die Demoralisierung der Amerikaner.

1946 Präsident Truman bezieht sein »Little White House«

Nachdem Harry S. Truman durch den Tod F. D. Roosevelts zum Präsidenten der USA aufsteigt, verantwortet er die Entscheidung der Atombombenabwürfe von Hiroshima und Nagasaki. Mit angeschlagener Gesundheit kam der Demokrat 1946 nach Key West, wo er in einer Marinebasis sein »Little White House« bezieht. Truman verbringt ins-

Miami Beach, bis dahin Farmland, wird gegründet. Bald setzt ein beispielloser Landboom ein.

1928

Ein Hurrikan zerstört die Bahnlinie nach Key West. Drei Jahre später eröffnet der Overseas Highway für Autos.

1915

Der spätere Literaturnobelpreisträger Ernest Hemingway zieht nach Key West – und wird auf Ewig zum Botschafter für die Insel.

1935

gesamt 175 Tage seiner Amtszeit auf Key West. Nach Hemingway findet die Insel in ihm einen zweiten Botschafter.

1947 Truman gründet den Everglades Nationalpark

Truman lässt es sich in Florida aber nicht nur gut gehen, sondern er gibt dem Bundesstaat auch etwas zurück: Im Dezember 1947 verleiht er dem einzigartigen Ökosystem der Everglades den Status eines Nationalparks. Durch die dauerhafte Unterschutzstellung von Flora und Fauna geht ein lange ersehnter Wunsch von Naturfreunden in Erfüllung.

1959 Massenflucht der Kubaner

Nach der Machtübernahme Fidel Castros fliehen Kubaner in mehreren Wellen aus ihrem Heimatland. 1961 misslingt bei der Invasion der Schweinebucht der Plan zur Entmachtung des Kommunisten. Es folgt die wohl bedrohlichste Nuklearkrise der Geschichte, die mit dem Abzug der russischen Atomwaffen von Kuba endet. Die USA verpflichten sich ihrerseits, nie wieder auf der Karibikinsel einzufallen.

1969 Apollo 11 hebt von Cape Canaveral ab

Florida festigt seinen Ruf als Ort von historischer Relevanz, als am 20. Juli 1969 das Raumschiff Apollo 11 von der Raketenbasis in Cape Canaveral abhebt. Drei Tage später betritt der Astronaut Neil Armstrong als erster Mensch den Mond. 600 Mio. Menschen verfolgen das Ereignis weltweit am Fernseher.

1971 Disney World wird eröffnet

Nachdem sich die Küsten Floridas bereits zur populären Massendestination aufschwingen konnten, wird durch die Eröffnung von Disney World in Orlando die nächste Stufe gezündet. Aus Disney World ist mittlerweile das Walt Disney World Resort geworden, das aus vier Themenparks und zwei Wasserparks besteht. Der Park ist die Grundlage für die Entwicklung Orlandos zur Vergnügungshauptstadt der Welt.

1984 Miami Vice geht auf Sendung

Die Fernsehserie kreiert ein Bild von Miami und Miami Beach, das sich im kollektiven Bewusstsein der Menschen

Präsident Harry Truman ruft den Everglades Nationalpark aus. Das einzigartige Biotop wird damit dauerhaft unter Schutz gestellt.

Die Apollo 11 hebt von Cape Canaveral zum ersten bemannten Mondflug ab.

1959

1969

1971

1947

Nach der Machtübernahme Fidel Castros fliehen die Kubaner massenweise nach Florida. Als direkte Folge erhält Miamis Stadtteil Little Havana seinen Namen.

In Orlando eröffnet mit Disney World der erste große Themenpark in Florida.

festsetzt. Während das Glitzer-Image und der Glamour dauerhafter Art sind, kann die Stadt ihr Image als Hochburg von Drogenkriminalität weitgehend bereinigen.

1992 Hurrikan Andrew zerstört weite Teile von Dade County

Erneut wird Florida von einem epochalen Hurrikan getroffen: Bei dem tropischen Sturm namens Andrew kommen am 24. August 26 Menschen ums Leben. Die gigantische Zahl von 63 000 Wohneinheiten wird vernichtet.

2000 Wahlskandal bei den Präsidentschaftswahlen

Bei den Präsidentschaftswahlen 2000 wird Florida zum Zünglein an der Waage. Doch der Sunshine State spielt eine unrühmliche Rolle: Defekte Wahlcomputer, unvollständige Wahlregister und umstrittene Stimmenauszählungen lassen den Ausgang zwischen George W. Bush und Al Gore lange offen. Florida wird als »Bananenrepublik« verunglimpft. Der letztendliche Sieg Bushs ist bis heute umstritten.

2004 Vier Hurrikans in zwei Monaten

Florida erlebt vier Hurrikans in 44 Tagen. Die Saison geht als die verheerendste aller Zeiten in die Geschichtsbücher ein. Die Evakuierungsmöglichkeiten werden weiter optimiert.

2006 Hard Rock Café an Seminolen

In einem der ungewöhnlicheren Wirtschafts-Deals erwirbt der Stamm der Seminolen für 965 Mio. $ die international betriebene Kette Hard Rock Cafe. Die »unbesiegten« Ureinwohner bauen in Hollywood und Tampa Hard Rock Hotels & Casinos auf.

2008 Weltwirtschaftskrise

Die Finanzkrise trifft Miami heftig, das rasante Wachstum der Skyline wird aber nur temporär aufgehalten.

2014 Eröffnung des Port of Miami Tunnel

Der Hafen von Miami wird an das Autobahnnetz angeschlossen. Durch die Fertigstellung des Port of Miami Tunnel drängt der Schwerlastverkehr nicht mehr durch die Innenstadt.

Die Fernsehserie Miami Vice verleiht der wachsenden Metropole ein Image zwischen Glamour und Verruchtheit.

Bei den Präsidentschaftswahlen wird Florida zum Zünglein an der Waage. Diverse Unregelmäßigkeiten erzeugen einen handfesten Skandal.

2000

1984

1992

Hurrikan Andrew führt Florida abermals auf schmerzhafte Weise die eigene Verwundbarkeit vor Augen.

2015

Miami Beach feiert den 100. Jahrestag seines Bestehens. Das Art-déco-Viertel strahlt heller denn je.

KULINARISCHES LEXIKON

A

anchovis – Sardellen
appetizer – Vorspeise

B

bacon – durchwachsener Speck
bagel – festes koscheres Brötchen
beef – Rind
– broth – Fleischbrühe
– wellington – Filet in Brotteig
beer on tap – gezapftes Bier
bisque – Hummer- oder Krebssuppe
boiled – gekocht
borego – Lamm (mexikanisch)
braised – geschmort
brisket – Brust(-stück) vom Rind
broiled – gegrillt
Brussels sprouts – Rosenkohl
bun – weiches Brötchen

C

cabbage – Kohl
casserole – Eintopfgericht/Topf
catch of the day – fangfrischer Fisch
cauliflower – Blumenkohl
cereal – Getreideflocken, Müsli
cheese cake – Käsekuchen
chicken – Huhn
– fingers – panierte Hühnerfleischstreifen
chives – Schnittlauch
chop – Kotelett
chowder – gebundene Muschel-/
   Fischsuppe
clams – Venusmuscheln
cod – Kabeljau
cole slaw – Krautsalat
corn – Mais
crab – Taschenkrebs
cranberries – Preiselbeeren

cucumber – Gurke
Cumberland sauce – Sauce aus Port-
   wein, Orangensaft, Senf und
   Johannisbeergelee

D

Danish (pastry) – süßes Gebäck
decaf (coffee) – koffeinfreier Kaffee
deli(cacie)s – Delikatessen
dish of the day – Tagesgericht
donut – süßes Schmalzgebäck

E

eggplant – Aubergine
enchilada – mexikanische Tortilla, gefüllt mit Fleisch oder Käse
entree – Hauptgericht

F

French fries – Pommes frites
– toast – in Eiermilch gewendetes,
   ge bratenes Toastbrot
fried eggs, sunny side up – Spiegeleier

G

game – Wild
garlic   Knoblauch
ginger ale – Ingwersoda, Getränk
grape – Weintraube
gravy – Bratensauce
grits – Grütze, meist aus Mais
ground beef – Rinderhack
guacamole – mexikanische Sauce aus
   Avocado und Zwiebeln

H

haddock – Schellfisch
halibutt – Heilbutt
ham – Schinken

hash browns – gebratene, dünne Kartoffelstreifen
herbs – Kräuter/Gewürze
hotchpot – Ragout

J

jam – Marmelade
jellied – in Aspik
jelly – Gelee

L

lamb chop – Lammkotelett
liquor – Spirituosen
lime – Limone
lobster – Hummer
loin – Lendenstück

M

mashed potatoes – Kartoffelmus
meat balls – Hackklößchen
medium (rare) – halb durchgebraten
milk shake – Milchmixgetränk
mushrooms – Pilze
mussels – Miesmuscheln
mustard – Senf

N

night cap – letzte Bestellung, Schlummertrunk

O

oysters – Austern

P

pancake – Pfannkuchen
pastry – Gebäck
peppers – Paprika
perch – Flussbarsch
pie – Pastete, Torte
poached eggs – verlorene Eier
pork – Schweinefleisch
porterhouse steak – Rindersteak mit Filet und Knochen

pot-roast – Schmorbraten
poultry – Geflügel
prawns – Garnelen
prime rib – Kotelettstück vom Rind
pumpkin – Kürbis

R

rare – (Steak) nur angebraten, innen noch blutig
refill – kostenloses Nachfüllen beim Kaffee, Soft Drinks oder Wasser
rib – Rippe
roasted – im Ofen gebacken
roll – Brötchen

S

scallops – Kammmuscheln
scrambled eggs – Rührei
shellfish – Schalentiere
side order – Beilagen
sirloin steak – Lendensteak
smoked – geräuchert
sole – Seezunge
squash – Gurkenkürbis oder Fruchtsaftgetränk (z. B. orange squash)
squid – Tintenfisch
steamed – gedämpft
stewed – geschmort
stuffed – gefüllt

T

taco – gefüllter Maismehlfladen
tenderloin – Filetsteak
trout – Forelle
turkey – Truthahn

V

veal – Kalbfleisch
venison – (Rot-)Wild

W

well done – Steak, gut durchgebraten
whipped cream – geschlagene Sahne

SERVICE

Anreise und Ankunft

MIT DEM FLUGZEUG

Von Deutschland aus werden Miami, Fort Lauderdale, Fort Myers, Orlando und neuerdings auch Tampa bedient. Lufthansa, Air Berlin und im Winter auch Condor fliegen nonstop nach Florida. Von Zürich fliegt Swiss nonstop nach Miami, Passagiere aus Österreich müssen derzeit umsteigen. Der Hinflug dauert ungefähr zehn Stunden, der Rückflug ist kürzer. Hinzu kommt eine unüberschaubare Vielzahl von Verbindungen mit ein- oder zweimaligem Umsteigen. Diese Angebote sind in der Regel zwar preiswerter, aber auch recht verspätungsanfällig.

Die Taxifahrt vom Flughafen Miami nach South Beach kostet 32 $. Alternativ kann ein Platz in Sammeltaxi von Super Shuttle gebucht werden, der 10 $ kostet. Die Bahn Miami Mover verbindet den Flughafen mit Miami Central Station, der von diversen Bahn- und Busanbietern angefahren wird.

Auskunft

Visit Florida

Dies ist die offizielle Urlaubs-Webseite für Florida mit Informationen, Broschüren und Online-Hinweisen.
www.visitflorida.com/de

Buchtipps

Ernest Hemingway: Haben und Nichthaben (rororo, 1995). Der schmale Roman ist der einzige des berühmten Bewohners von Key West, dessen Handlung zum Teil auch wirklich in Florida spielt.
Elmore Leonard: Rum Punch (Weidenfeld & Nicolson, 1992). Der für seine brillanten Dialoge bekannte Krimiautor hat einige seiner besten Bücher in Südflorida angesiedelt. Rum Punch (z. Zt. nur in englischer Sprache) wurde von Quentin Tarantino nach L.A. verlegt und als »Jackie Brown« verfilmt.
Tom Wolfe: Back to Blood (Karl Blessing Verlag, 2013). In dieser etwas überdrehten Gesellschaftsanalyse seziert Tom Wolfe den Sunshine State sehr wortreich und ungemein scharfsinnig.

DIPLOMATISCHE VERTRETUNGEN

Deutsches Generalkonsulat
▶ Klappe vorne b 3

Miami | 100 North Biscayne Boulevard Suite 2200 | Tel. 30 53 58 02 90 | www.germany.info

Österreichisches Konsulat
▶ Klappe vorne, nördl. b 3

Miami | 2445 Hollywood Blvd. | Tel. 95 49 25 11 00 | www.austrianconsulate miami.com

Honorarkonsulat der Schweiz
▶ Klappe vorne, westl. b 3

Miami | 703 Waterford Way, Suite 890, c/o Panalpina Inc. | Tel. 30 53 77 67 00 | www.eda.admin.ch

Einreise

Touristen aus Deutschland, Österreich und der Schweiz können sich aufgrund des »Visa Waiver Program« von der Visumspflicht für die USA befreien lassen. Hierfür gilt es, sich bis spätestens 72 Std. vor Abflug zunächst online unter www.esta.us (ESTA = Electronic System for Travel Authorization) zu registrieren. Die Registrierung kostet 14 $ pro Person und ist zwei Jahre gültig. Die Bewilligung folgt in der Regel prompt, doch sie ist für die »Immigration Officers« (Zollbeamten) nicht verbindlich. Zusätzlich ist ein maschinenlesbarer Reisepass erforderlich, der noch mindestens sechs Monate lang gültig sein muss.

Was die Einreisemodalitäten betrifft, gibt es erfreuliche Nachrichten. Konnten die Formalitäten bei der Immigration in Verhangenheit – abhängig vom Flughafen – eine langwierige Angelegenheit sein, so stehen seit Anfang 2015 an 30 Flughäfen Automaten zur Erfassung von Reisepass, Fingerabdruck und Augen-Scan. Hierdurch haben sich die Wartezeiten erheblich reduziert. Allerdings muss alles glatt gehen, sonst droht dennoch der Gang zum Officer.

Feiertage

An Feiertagen sind Behörden, Banken und viele Büros geschlossen, nicht unbedingt aber auch die Geschäfte.
1. Januar Neujahr
3. Mo im Januar Martin Luther King's Day (zum Gedenken an den Geburtstag des Bürgerrechtlers)
3. Mo im Februar President's Day (in Erinnerung an George Washington)
Ostern (Karfreitag, Ostersonntag und Ostermontag)
Letzter Mo im Mai Memorial Day (zu Ehren der gefallenen Soldaten)
4. Juli Independence Day (Fest der amerikanischen Unabhängigkeit)
1. Mo im September Labour Day (Tag der Arbeit)
2. Mo im Oktober Columbus Day (zum Gedenken an die Entdeckung Amerikas)
11. November Veteran's Day (zur Erinnerung an die Kriegsveteranen)
Letzter Do im November Thanksgiving (Erntedankfest)
25. Dezember 1. Weihnachtstag

Geld

1 $ . . . . 0,90 €/0,92 SFr
1 € . . . . 1,15 $
1 Sfr . . . . .1,05 $

Landeswährung ist der US-Dollar ($). Ein Dollar besteht aus 100 Cent. Münzen existieren in Einheiten von einem, fünf, zehn und 25 Cent. Der Wert der identisch großen Geldscheine beläuft sich auf einen, fünf, zehn, 20, 50 und 100 Dollar. Der Wechselkurs der Währung war durch die ökonomischen Turbulenzen in jüngster Zeit starken Schwankungen unterworfen, deswegen kann die obige Tabelle auch nur eine grobe Orientierung sein.

Die Bezahlung ist in den USA fast überall sowohl mit Bargeld als auch mit Kreditkarte möglich. Während man an den Mautstationen am besten Kleingeld bereithält, ist in vielen Hotels und bei der Mietwagenbuchung die Kreditkarte ein Muss.

Bargeld kann bei vielen Geldautomaten (»Automatic Teller Machines«, ATM) sowohl mit EC-Karte (auf das Maestro-Symbol achten) als auch mit

Kreditkarten abgehoben werden. Die Gebühr beträgt in der Regel zwischen 3,50 und 5 $. ATMs stehen auch in den Supermärkten oder in Tankstellen. Banken sind in der Woche montags bis freitags von 9–16 Uhr geöffnet. In Touristenzentren und in Shoppingmalls gibt es häufig Wechselstuben, die deutlich länger geöffnet haben.

Links und Apps

LINKS

www.floridacraftbeerfinder.com
Regional aufgegliederte Übersicht über Mikrobrauereien, die ihr eigenes Bier produzieren.
www.floridastateparks.org
Unverzichtbar für eine Reise mit naturnahen Erlebnissen.
www.miaminewtimes.com
Aktuelle Veranstaltungshinweise und Rezensionen aus Kultur und Gastronomie – erscheint auch als Printformat im Wochenturnus und liegt in Zeitungsautomaten aus.
www.dep.state.fl.us/cmp/ beachaccess
Eine Liste aller Strände Floridas inklusive der vorhandenen Infrastruktur.
www. visitflorida.de
Die offizielle Repräsentanz des Bundesstaates mit umfangreichen Informationen auf Deutsch.
www.wynwoodmiami.com
Virtuelle Entdeckungstour durch Miamis pulsierendes Galerieviertel, den Wynwood Art District.

APPS

www.miamiandbeaches.com/visitor-resources/mobile-apps
Touristische App des Greater Miami Convention and Visitors Bureau – mit aktuellen Veranstaltungstipps (kostenlos für Android und iPhone).
www.facebook.com/wynwoodtour guide
Erläuterungen zur Street Art in Miamis angesagtestem Viertel, das zugleich ein großes Freilichtmuseum ist (kostenlos, nur für iPhone).

Medizinische Versorgung

Die medizinische Versorgung in Florida entspricht deutschen Standards. In der Notaufnahme der Krankenhäuser (Emergency Rooms) müssen alle Patienten behandelt werden. Weil die Rechnungen sofort zu begleichen sind, wird von Europäern die Vorlage einer Kreditkarte verlangt. Für die Rückerstattung ist es sinnvoll, vor Antritt der Reise eine Auslandskrankenversicherung abzuschließen. Impfungen sind nicht erforderlich.

APOTHEKEN

Medikamente sind in Pharmacys oder Drugstores erhältlich. Schmerzmittel, Nasentropfen und Ähnliches gehören darüber hinaus zum Warenangebot von Supermärkten. Ketten wie CVS oder Walgreens haben variierende, aber meist sehr lange Öffnungszeiten.

KRANKENHAUS

Eine Liste von Krankenhäusern führt die Internetseite des Tourismusbüros von Miami. Auch an Hotelrezeptionen sind in der Regel die Adressen erhältlich. Ansonsten bieten die Gelben Seiten (Yellow Pages) Aufschluss über die Adressen von Ärzten und Krankenhäusern in der Region.

www.miamiandbeaches.de/visitor-resources/healthcare

KRANKENVERSICHERUNG

Der Abschluss einer Auslandsreisekrankenversicherung ist auf jeden Fall ratsam, aber nicht zwingend.

Nebenkosten

1 Tasse Kaffee	3 $
1 Bier	4–6 $
1 Cola	2,50 $
1 Premium-Hamburger	12 $
1 Zackenbarsch-Sandwich (Grouper)	9 $
1 Schachtel Zigaretten	8 $
1 Liter Super-Benzin	60 Cent
Taxi	2,40 $/Meile
Mietwagen ab	35 $/Tag

Notruf

Tel. 911 für Polizei, Krankenwagen und Feuerwehr

Post

US Postal Service (USPS) unterhält vielerorts Filialen, meist sind diese an Werktagen von 8–17 und samstags von 10–13 Uhr geöffnet. Das Porto für eine Postkarte nach Deutschland, Österreich und in die Schweiz beträgt 1,10 $.

Reisedokumente

Deutsche, österreichische und Schweizer Staatsbürger können ohne Visum in die USA einreisen, vorausgesetzt, sie bleiben nicht länger als 90 Tage und haben ein Rückflugticket.
Deutsche und Österreicher brauchen einen für die Dauer des Aufenthalts gültigen maschinenlesbaren Reisepass. Schweizer müssen das Modell E06 des Schweizer Passes vorlegen können. Kinder benötigen einen eigenen Reisepass mit Lichtbild. Verbindliche Auskünfte unter: www.usembassy.gov

Reiseknigge

ALKOHOL

Der Alkoholkonsum ist in den USA in aller Regel an öffentlichen Plätzen nicht gestattet. Allerdings gibt es Ausnahmen an einigen Stränden (kein Alkohol in Glasbehältern), im Stadtzentrum von Key West oder auch am Riverwalk von Tampa.

PREISNIVEAU

Das gefühlte Preisniveau steht und fällt mit dem Dollarkurs. Wenn dieser wie zu Beginn des Jahres 2015 bei 1,05 € steht, kommt dem Besucher fast alles teurer vor als daheim. Bei einem Kurs von 1,40 € hingegen ist der Effekt andersherum. Grundsätzlich billiger als in Europa sind Benzin und Kleidung.

RAUCHEN

Es ist richtig, dass das Rauchen in öffentlichen Gebäuden verboten ist. Diesbezüglich waren die USA Vorreiter. Allerdings sind die Gesetze in einer Hinsicht liberaler als in Deutschland: In den Kneipen, Bars und Clubs Floridas dürfen Zigaretten geraucht werden, in den Cigar Lounges auch Zigarren.

Service und Trinkgeld

Der Service in Restaurants und Hotels ist in aller Regel gut und sehr auf die Bestätigung des Gastes ausgerichtet. Als kleine Gedankenstütze für Europäer drucken einige Restaurants inzwischen den erwarteten Trinkgeldbetrag auf der Rechnung aus, in Abstufungen von 15 bis 20 (!)%.

Tiere und Insekten

Überall in Florida können sich in den Süßwasserseen Alligatoren aufhalten.

Insbesondere im Dunkeln ist vom Baden unbedingt abzuraten. Wer den Reptilien in freier Wildbahn begegnet, ist laut Empfehlung der Park Ranger gut beraten, einen Abstand von mindestens 20 Fuß (das sind 6 m) zu halten. In Florida leben zudem zahlreiche Schlangenarten, von denen einige giftig sind. In den Everglades haben sich eingeschleppte Pythons ausgebreitet. Insbesondere in den warmen Monaten sind die sumpfigen Gebiete ohne Insektenschutz kaum auszuhalten.

Reisezeit

Florida ist ein Ganzjahresziel. Die Wintermonate sind vor allem südlich einer gedachten Linie von Tampa bis Cape Canaveral herrlich mild. Von Mai bis September kann es hier unangenehm heiß sein. Am schlimmsten ist der Juni, wenn in Miami Höchstwerte von 37 Grad keine Seltenheit sind. Tropische Stürme oder auch Hurrikans sind zwischen August und November ein Risiko. In Nordflorida sind die Sommermonate unterdessen Hauptreisezeit. Hier können die Winter kühl

sein, sogar Nachtfrost ist nicht ungewöhnlich. Allerdings sagen viele Einheimische, dass die Monate von November bis Februar ihre liebsten sind, weil es einerseits kühl ist, aber Sonnentage mit Temperaturen von 15 bis 20 Grad häufig vorkommen.

Sicherheit

Florida ist ein überwiegend sicheres Reiseziel. Allerdings gilt es, Regeln zu beachten. Vor allem in den Großstädten Miami, Orlando, Tampa und St. Petersburg gibt es Gegenden, in denen Reisende bei Dunkelheit nicht zu Fuß unterwegs sein sollten. Die Viertel sind leicht daran zu erkennen, dass vor Fensterscheiben und Türen der Häuser Gitter montiert sind. Sollte es zu einem wie auch immer gearteten Konflikt kommen, ist man gut beraten, klein beizugeben und das Weite zu suchen – schließlich sind Schusswaffen in den USA weit verbreitet. Auch bei Kontakt mit Polizisten ist Vorsicht geboten: Im Falle einer Verkehrskontrolle unter keinen Umständen zum Handschuhfach greifen. Weil Nordamerikaner fast

Klima (Mittelwerte)

	Januar	Februar	März	April	Mai	Juni	Juli	August	September	Oktober	November	Dezember
Tages-temperatur	23	24	25	26	28	30	31	31	30	28	26	24
Nacht-temperatur	18	18	19	21	23	25	25	26	25	23	21	18
Sonnen-stunden	8	9	9	9	9	9	8	8	7	7	8	7
Regentage pro Monat	5	5	5	6	8	10	12	12	15	12	7	6
Wasser-temperatur	22	23	24	25	28	30	31	31	30	28	25	23

alles mit dem Auto erledigen, gelten Fußgänger vielerorts als verdächtig.

Strom

Stromanschlüsse sind auf 110–120 Volt ausgelegt. Zwei Steckeradapter pro Person sind sinnvoll.

Telefon

VORWAHLEN

D, A, CH ▶ **USA** 0 01
USA ▶ **D** 0 11 49
USA ▶ **A** 0 11 43
USA ▶ **CH** 0 11 41

Bei Ortsgesprächen in den USA muss lediglich die siebenstellige Anschlussnummer gewählt werden, ansonsten fällt auch die dreistellige Vorwahl an, der immer eine 1 vorausgeht. Anschlüsse mit den Vorwahlen 800, 888, 866 und 877 sind kostenfrei, sofern sie von einem Festnetztelefon angerufen werden. Zeitgemäße Mobiltelefone funktionieren trotz anderer Frequenzen auch in den USA. Smartphone-Besitzer sollten eine amerikanische SIM-Karte mit Guthaben kaufen. Sowohl das Telefonieren als auch andere Funktionen sind dann billiger. Gängige Anbieter sind T-Mobile, Verizon oder AT&T.

Verkehr

Es hilft alles nichts: Wer in Florida kein Auto hat, ist aufgeschmissen. Allenfalls ein langes Wochenende in Miami ist ohne individuelles Fortbewegungsmittel machbar. Hier geht der Öffentliche Nahverkehr über den Status eines reinen Alibis hinaus. Wer einen Roadtrip unternimmt, kann theoretisch auch auf die Dienste der Greyhound-Busse oder Personenzüge zurückgreifen, die nach Fahrplan zwischen den Großstädten verkehren. Beides aber sind absolute Nischenangebote.

AUTOBAHNGEBÜHREN

Auf einigen Abschnitten der Interstates sowie auf zahlreichen Brücken werden Mautgebühren fällig. Diese sind nicht sonderlich hoch, aber die Zahlungsmodalitäten können verwirrend sein. An den Mautstationen wird nur Bargeld angenommen. Alternativ kann das Geld elektronisch von einem Konto abgebucht werden. Hierfür muss der Fahrer im Besitz eines Sunpass-Kontos und des dazugehörigen Transponders sein, die in den Supermärkten von Publix oder bei CVS erhältlich sind. Auf einigen Straßenabschnitten existieren jedoch keine Mautstationen mehr. Hier wird automatisch das Nummernschild erfasst. Die Rechnung geht an die Mietwagenfirma, die den fälligen Betrag mit einiger Verzögerung von der Kreditkarte abbucht.
www.sunnypass.com

BAHN

Die Amtrak-Züge verbinden Miami, Palm Beach, Orlando und Jacksonville zwei Mal täglich mit New York. Die Tickets können mit 63 $ von Jacksonville nach Miami vergleichsweise günstig sein.
www.amtrak.com

BUSSE

Die Greyhound-Busse gelten als zuverlässig und recht preiswert. Sie fahren die meisten größeren Städte in Florida an. Wer sich darauf einlässt, kann binnen 17 Std. für 119 $ von St. Augustine nach Key West gelangen.
www.greyhound.com

MIETWAGEN

Wer einen Mietwagen nimmt, sollte von zu Hause aus buchen. Das Mindestalter des Fahrers beträgt 21 Jahre. Die deutsche Firma Sunny Cars bietet Pakete an, in denen alles inbegriffen ist. Die Orientierung kann in den Ballungsräumen Floridas ziemlich schwierig sein. Normalerweise ist es günstiger, ein Navigationsgerät zu kaufen als dieses für einen längeren Zeitraum zu mieten. Brauchbare Geräte sind schon für 100 $ bei Walmart oder Best Buy zu haben.

www.sunnycars.de

Zeitungen und Zeitschriften

Tageszeitungen sind trotz fortschreitender Digitalisierung weit verbreitet. Den besten Ruf haben der »Miami Herald« und die »Tampa Bay Times«.

Zeitverschiebung

Der Zeitunterschied beträgt 6 Std. Ausnahme sind die Gebiete westlich von Mexican Beach im Panhandle, wo bereits die Central Time (7 Std.) gilt. Die Sommerzeit beginnt in den USA meist zwei Wochen früher und endet zwei Wochen später als hierzulande.

Zoll

Die Einfuhr von bestimmten Lebensmitteln (z. B. Fleisch und Wurstwaren) in die USA ist verboten. Zollfrei darf nicht mehr als 1 l Alkohol von Personen über 21 Jahren in die USA eingeführt werden. Reisende aus Deutschland und Österreich dürfen Waren im Wert von 300 €, bei Flug- bzw. Seereisen von 430 € (Jugendliche: 175 €) abgabenfrei mit nach Hause nehmen, Reisende aus der Schweiz im Wert von 300 SFr. Die Waren müssen für den privaten Gebrauch vorgesehen sein. Tabakwaren und Alkohol fallen nicht unter diese Wertgrenze und bleiben in bestimmten Mengen abgabenfrei. Weitere Auskünfte erhalten Sie unter www.zoll.de, www.bmf.gvat/zoll und www.zoll.ch.

Entfernungen (in km) zwischen wichtigen Orten

	Ft. Lauderdale	Jacksonville	Key West	Miami	Naples	Orlando	Palm Beach	Pensacola	Tallahassee	Tampa
Ft. Lauderdale	–	510	285	35	169	336	74	1014	714	377
Jacksonville	510	–	793	555	513	216	446	570	262	306
Key West	285	793	–	249	380	597	357	1274	975	623
Miami	35	555	249	–	172	367	108	1044	745	394
Naples	169	513	380	172	–	301	242	928	626	251
Orlando	336	216	597	367	301	–	272	689	389	137
Palm Beach	74	446	357	108	242	272	–	949	650	314
Pensacola	1014	570	1274	1044	928	689	949	–	307	684
Tallahassee	714	262	975	745	626	389	650	307	–	385
Tampa	377	306	623	394	251	137	314	684	385	–

Erlesene Ziele

Auf den Spuren berühmter
Persönlichkeiten

MERIAN
Die Lust am Reisen

ORTS- UND SACHREGISTER

Wird ein Begriff mehrfach aufgeführt,
verweist die **fett** gedruckte Zahl auf die Hauptnennung.
Abkürzungen: Hotel [H] · Restaurant [R]

Liebe Leserinnen und Leser,

vielen Dank, dass Sie sich für einen Titel aus unserer Reihe MERIAN _momente_ entschieden haben. Wir wünschen Ihnen eine gute Reise. Wenn Sie uns nun von Ihren Lieblingstipps, besonderen Momenten und Entdeckungen berichten möchten, freuen wir uns. Oder haben Sie Wünsche, Anregungen und Korrekturen? Zögern Sie nicht, uns zu schreiben!

Alle Angaben in diesem Reiseführer sind gewissenhaft geprüft. Preise, Öffnungszeiten usw. können sich aber schnell ändern. Für eventuelle Fehler übernimmt der Verlag keine Haftung.

© 2016 TRAVEL HOUSE MEDIA GmbH, München
MERIAN ist eine eingetragene Marke der GANSKE VERLAGSGRUPPE.

TRAVEL HOUSE MEDIA
Postfach 86 03 66
81630 München
merian-momente@travel-house-media.de
www.merian.de

Alle Rechte vorbehalten. Nachdruck, auch auszugsweise, sowie die Verbreitung durch Film, Funk, Fernsehen und Internet, durch fotomechanische Wiedergabe, Tonträger und Datenverarbeitungssysteme jeglicher Art nur mit schriftlicher Genehmigung des Verlages.

BEI INTERESSE AN MASSGESCHNEIDERTEN MERIAN-PRODUKTEN:
Tel. 0 89/4 50 00 99 12
veronica.reisenegger@travel-house-media.de

BEI INTERESSE AN ANZEIGEN:
KV Kommunalverlag GmbH & Co KG
Tel. 0 89/9 28 09 60
info@kommunal-verlag.de

1. Auflage

VERLAGSLEITUNG
Michaela Lienemann
REDAKTION
Wilhelm Klemm
LEKTORAT
Helga Thamm
BILDREDAKTION
Dr. Nafsika Mylona
SCHLUSSREDAKTION
Heidemarie Herzog
HERSTELLUNG
Bettina Häfele, Katrin Uplegger
SATZ/TECHNISCHE PRODUKTION
Sabine Dohme, München
REIHENGESTALTUNG
Independent Medien Design, Horst Moser, München (Innenteil), La Voilà, Marion Blomeyer & Alexandra Rusitschka, München und Leipzig (Coverkonzept)
KARTEN
Gecko-Publishing GmbH für MERIAN-Kartographie
DRUCK UND BINDUNG
Printer Trento, Italien

Ein Unternehmen der
GANSKE VERLAGSGRUPPE

PEFC™
PEFC/18-31-506

BILDNACHWEIS
Titelbild (Atlantic Beach, The Palms Retro Hotel), laif: C. Heeb
A. Meade: 29 | arkivi UG: 192 o | Avenue Images: R. Buskirk/agefotostock 106 | AWL Images: J. Coletti 38 | Bildagentur Huber: Kremer 54/55, 56, 82, 85, 93, 103, 118, 127, R. Schmid 130 | ddp images: R. Graulich 159, S. Keeler 52, Sipa Press 50 | dpa Picture-Alliance: G. Schulz 53 | F1online: agefotostock 112 | Fotolia: jonbilous 124, oneinchpunch 6, SeanPavonePhoto 98 | gemeinfrei: 170l, 170r, 171, 172, 173l, 174r, 175 | Getty Images: Jupiterimages/Stockbyte 94, M. Propert/National Geographic Magazines 34 | GlowImages: 26, 78, 144, All Canada Photos 33, S. Frink 45, C. Heeb 22, imagebroker.com 146, SuperStock 163, R. Torres 89 | interfoto: R. Franken 71, M. Simoni 133 | Jahreszeiten Verlag: H. Holler 192 u | laif: P.F. Edwards/Redux 25, S. Falke 87, G. Haenel 15, C. Heeb 140, C. Maeder/Gallery Stock 4/5, J. Modrow 2, 41, 49, J. More/Redux 161, A. Toureau/Gamma-Rapho 59 | LOOK-foto: age footstock 20/21, 64, H. Holler 168 | mauritius images: age 129, 165, Alamy 12, 13 l, 37, 46, 61, 63, 75, 109, 115, 123, 143, 153, 156/157, 173r, J. Warburton-Lee 149, Prisma 166/ 167, Radius Images 150 | R. Hill: 16 | Schapowalow: R. Taylor/4Corners 136 | Shutterstock: A. cotton Photo 14, S. Deng 111, Dirima 13 r, foto 76 30, N. Murmakova 51, J. Swanepoel 174l | u le le Restaurant: 19 | vario images: M. DeFreitas/RHPL 105 | Wood Tavern: 18

FLORIDA GESTERN & HEUTE

Schon in den 1930er-Jahren zog es die Schönen und Reichen an den Strand von **Miami Beach** (▶ S. 69), der hier durch den palmenbestandenen Lummus-Park vom Ocean Drive und den prachtvollen Villen im Stil des »Mediterranean Revival« getrennt wurde. Heute säumen hunderte von Wolkenkratzer mit luxuriösen Apartements und Hotels den weißen, kilometerlangen Sandstrand des legendären Ferienortes. Jedes Jahr kommen über 7 Mio. Touristen.